U0216183

吉林人民出版社

简体字本二十六史

新唐书

卷七二中——卷七五上

（四）

[宋] 欧阳修 宋祁 撰
王小甫等 标点

唐书卷七二中
表第一二中

宰相世系二中

王氏出自姬姓。周灵王太子晋以直谏废为庶人，其子守敬为司徒，时人号曰“王家”，因以为氏。八世孙错，为魏将军。生贲，为中大夫。贲生渝，为上将军。渝生息，为司寇。息生恢，封伊阳君。生元，元生颐，皆以中大夫召，不就。生翦，秦大将军。生贲，字典，武陵侯。生离，字明，武城侯。二子：元、威。元避秦乱，迁于琅邪，后徙临沂。四世孙吉，字子阳，汉谏大夫，始家皋虞，后徙临沂都乡南仁里。生骏，字伟山，御史大夫。二子：崇、游。崇字德礼，大司空、扶平侯。生遵，字伯业，后汉中大夫、义乡侯。生二子、时、音。音字少玄，大将军掾。四子：谊、睿、曲、融。融字巨伟。二子：祥、览。览字玄通，晋宗正卿、即丘贞子。六子：裁、基、会、正、彦、琛。裁字士初，抚军长史，袭即丘子。三子、导、颖、敞。导字茂弘，丞相、始兴文献公。六子：悦、恬、劭、洽、协、荟。洽字敬和，散骑侍郎。二子、珣、珉。珣字元琳，尚书令、前将军，谥曰献穆。五子：弘、虞、柳、孺、昙首。昙首，宋侍中、太子詹事、豫宁文侯。二子：僧绰、僧虔。僧绰，中书侍郎，袭豫宁愍侯。生俭，字仲宝，齐侍中、尚书令、南昌文宪公。生骞，字思寂，梁给事中、南昌安侯。生规，字威明，左户尚书、南昌章侯，生褒。褒，字子渊，后周光禄大夫、石泉康侯。生鼒，字玉铉，隋安都通守、石泉明威侯。子弘让、弘直。

弘让字敬宗，中书舍人，专掌机密。	方士字玄逸，临邛令。	崇礼，沂州司马。	瑶，涿城府果毅。								
	方则字玄宪，光禄卿。	景，兰州刺史。	绾，常选。	混。							
				液。							
			绮，越州仓曹参军。	浩。							

				涣。							
			纯，成武令。	濬。							
				沂。							
			绪，秘书郎。	坦。							
				湑。	源广，管城尉。						
					德文。						
			练，莘尉。								
			纾，通事舍人。								
		晏，益州仓曹参军。	安期。								
			佺期。								

			荣期。								
		昱，好畤丞。	维。								
			纲，临洺丞。								
		升，夏州长史。	绘。								
			纵。								
	方泰字玄敏，太府少卿。	鸿，冯翊丞。	志悌，宜寿尉。	汶，殿中少监。	衮，御史知杂。	宜阳。					
						绍。					
			志凝，襄垣尉。								
		源，虢州	志福。								

		参军。									
			志斌，长上果毅。								
		澄。	志深，襄乐尉。								
		浚，南昌丞。									
		濛，宋王属。	志简，常选。								
弘直字长宗，魏州刺史谥曰孝。	缄字方举，隋州司马。	思哲，洛州参军。	抝。								
			擢。								
		思恭，峨	希倩，光	珪，汉州	海字巨	建子。	台老明				

		嵋丞。	州刺史。	别驾。	元。		经及第。				
						铨。	宝子。				
							马老。				
					添字益源，秘书丞。	铣。					
						锐。					
						迈字遐举，黄岩令。	知鲁。				
							知蕴字积中，蜀王谘议。	慎微字表仁，吉州长史。	章。		
									融。		

									彦范。		
								璆，范阳丞。			
								昌禹，山南东道节度推官、试大理评事。	瓒。		
								彦规。			
							知进，肃清簿。				
							知绥，真乡令。				
						逸字从	纲。				

						之，平望戍副。					
							缟。				
							进。				
						迺字匡忍，常选。	师迥。				
							师达。				
							师逸。				
							师遂。				
							师述。				
							师逞。				
							师造。				
						检字德中，检校	昌嗣。	给字执中，寿州			

						刑部尚书、琅邪郡子。		法曹参军。			
							昌裔，上虞令。				
							泺字瀑源，会稽令。	绅，宁国令			
								知古。			
								希古。			
						逷，南宫令。					
	续字方绍，罗川令。	愔。	延璋。								

			延祚。								
			延肃。								
			延之。								
	缋字方节，越王府法曹参军。	思敬。	海云。								
	绋字方庆，相武后。	晞字光烈，鄜州刺史，袭石泉侯。	俌字灵龟，定州刺史。	濡，膳部员外郎、黄州刺史。	牧，泾阳尉。						
					源茂，荣州刺史。	璋，左卫兵曹参军。	晋。				
							存。				

					遂，沂海观察使。	新丰，蓬州刺史。					
						果，凤翔府参军。					
					长文，礼宾使。	早，大理丞。					
						昶，太子詹事。	仲鸾，徐州节度判官。				
						暭，福建观察推官。					
						晟，明经及第。					
						升，舞阳					

						尉。					
				澄，洋州刺史。	造，太子谕德。						
					迺，淄州刺史。	釴。					
						镐。					
						镕。					
					逵，殿中少监。	铼，秘书省正字。					
						锡。					
						镈。					
					迈，淄州刺史。						
					迟。						
				沐，御史	源上，华						

				中丞。	阴令。					
					源长,渭南令。					
					源通,卫佐。					
				淮,御史中丞。	子文,平山尉。					
					子西,恒州参军。					
					子尚,恒山令。					
				济,尚衣奉御。	源永,沣州参军。					
				沼,集州刺史。	鲁卿。	质,偃师丞。				

						宝。					
						贺。					
						赉。					
						贾。					
				润，杭州别驾。	遇，著作郎。						
					源中字正蒙，天平节度使。	擢字岩臣。					
						应。					
						叔凤。					
						叔鸾。					
					敬元，散骑常侍。						

					逢元。						
					迪。						
					适，侍御史。	季羽。					
					高，安邑尉。	希范。					
				涧，汝州长史。	源植，福建观察使。	愿，襄邑尉。					
						赐，永城尉。					
						恪，同州参军。					
						慎。					
						愖。					

						僎。					
						祝字不耀,给事中。					
					源会,绛州司马。						
					源端,温令。	欢,湖州文学。					
					原蒙,四门助教。						
					退思,晋陵丞。						
			侁,舒州刺史。	漪,卫尉丞。							
				泛。	逖,徐城	师贞。					

					令。						
				渶。	源谦。						
					源评。	修礼。					
					源诚。						
		晦字光远，冀王执仗。	休，以晦再从弟慎子继，溆水令。								
		暾字光辅。	宠。	仲连，扬府录事参军	绍。	屿，相肃宗。	及，中书舍人。	玙字声仁，右谏议大夫。	抟字昭逸，相昭宗。	倜字垂光，鄠尉。直弘文馆。	
										倓，河南府文学。	
										伦，校	

										书郎。	
								针字公御。	莓。	参字内鲁。	
										损字中礼。	
										拯字蕴华。	
							乂。				
			宰，国子司业。	嗣宗。							
				汶。	众。						
				嗣昌。							
				嗣端。							
				士则，挽郎。							

				嗣源，饶州参军。							
				嗣恭。							
				师宝。							
				平子。							
		晊字光宾，监察殿中侍御史。	寰，河东丞。	嗣立，晋州参军。							
				源洁，建昌尉。							
			寂。	嗣文。							
			宁。	仲文，义乌尉。	忠君，溧阳丞。						
				仲武。							
		晔，殿中	偎，挽郎。								

		侍御史。									
		晙字光庭，明威将军。	份，咸阳令。	复，奉天尉。	宗卿，分宁丞。	丽。					
				河。	孺卿，好畤令。						
			佾，临汾尉。	和。	道固。						
					元贞，管城令。						
					孝源。						
				雄。							
				溥。	源矩。						
					源明。						
				涛。	源孚。						

					源采。						
					源芳。						
					源旭。						
			侗，大理主簿。	佛奴，虔州刺史。							
		晧字光范，明威将军。	俶荆州刺史。	金刀。							
				鼎子。							
			杰。	现。	源奕。						
					源奭。						
					源爽。						
			仪。	滟。	天养。						
				贞。							
		昕字光									

		业,忠王司马。									
		晖字光绪,万州司马。	佺,金牛令。	和及。	冕。						
					冠。						
					求。						
				和友。	罕。	亭。					
						谢老。					
					览。						
					觉。						
					宽。	相老。					
			佋,睦州司马、祁县男。	澈。							

				湜。							
			洞玄，金州司马。	彭。							
		晖字光嗣，安化郡司马。	佖。								
			伸。								
			佶。								
	绲字方操。	令宾，商洛丞。									
		辉远。									
		延客，姑臧尉。									
弘度字承宗。											

弘仁字嗣宗。	方诞。											
	方实。											
弘义字林宗，荆王属。	方谞，海州录事参军。	慎，宋州参军。										
弘训字孟宗。	方茂。											
	方智，户部郎中。	固忠，雒丞。										
		固基。										
		固信。										
		固贞，胙城令。										
		固业，凉										

		州司仓参军。									
		固廉，陇州参军。									
		固己，单父令。									
弘道字玄宗，丹徒令。											
弘艺字延宗，膳部郎中。	方寿。										

正字士则，晋尚书郎。三子：廪、旷、彬。彬字世儒，尚书右仆射、肃侯。二子：彭之、彪之。彪之字叔武，尚书令，谥曰简。二子：越之、临之。临之生纳之，皆御史中丞。纳之生准之，字元鲁，宋丹杨尹。生與

之，征虏将军。生进之，梁左卫将军、建宁公。生清，安南将军、中卢公。生猛。

猛字世雄，初名勇，陈东衡州刺史、应阳成公。	缮，隋普州刺史。										
	纩，鼓旗将军、楚州刺史。	德俭字守节，御史中丞、归仁县男。	璇字希琢，相武后。	大有，左卫中郎。							
				同人，泗州刺史。							
				既济，荆							

				府功曹参军。							
				休明，南和尉。							
				休光，博州别驾。							
				休名，相州刺史。							
				休言，解令。							
	续，吏部郎中。	德素，阆州刺史。	鼎，工部员外郎。								
			豫，屯田郎中。								
			瑜字希莹								

			侍御史。								
			瑶，右骁骑将军。								
		德本，西台舍人。	㧑，右卫将军。	承庆，驸马都尉。							
				承先。		重华，左拾遗。					
						萧，左司员外郎。					
						重明。	拱，虞部郎中。				
							权，国子祭酒。	申伯。	莘，司勋郎中。		
								贞伯。	葆字礼羽。		

									师甫，江西观察使。		
									藩，户部郎中。		
									莞。		
								楷，虞部郎中、右庶子。			

太原王氏出自离次子威，汉扬州刺史。九世孙霸，字儒仲，居太原晋阳，后汉连聘不至。霸生咸，咸十九世孙泽，字季道，雁门太守。生昶，字文舒，魏司空、京陵穆侯。二子：浑、济。浑字玄冲，晋录尚书事、京陵元侯。生湛，字处冲，汝南内史。生承，字安期，镇东府从事中郎、蓝田县侯。生述，字怀祖，尚书令、蓝田简侯。生坦之，字文度，左卫将军、蓝田献侯。生愉，字茂和，江州刺史。生缉，散骑侍郎。生慧龙，后魏宁南将军、长社穆侯。生宝兴，龙骧将军。生琼，字世珍，镇东将军。四子：遵业、广业、延业、季和，号“四房王氏”。

大房王氏：

遵业，黄门郎。	长明。										
	松年，北齐黄门侍郎、高邑平侯。	邵字君懋，隋秘书少监。	孝京，扬州司马。	子奇，青州司户参军。	庆贤，美原丞。	光谦，淮险令。	翊，吏部侍郎。	重，河东令。	文仲，王屋令。		
									君仲。		
									众仲，衢州刺史。	淙。	镐字仁固。
										凝字成庶，一字致平，宣歙观察	镳字中御。

										使，谥贞。	
										洧。	钜字弘猷。
								仓,兼御史中丞。	叔仲。		
									敬仲。	寡言。	锴字丰祥。
							翱,阳翟尉。	勋。			
								堪,定陵令。	聪。	溥字德润,相昭宗。	
							翃字宏肱,东都	鼐。			

							留守,谥肃。				
								正雅,山南东道节度使,谥忠惠。			
							向,上邽尉。				
							翙,太子仆。	鼎。			
					庆祚。						
					庆符。		令元。	华,水部员外郎。	蔼字望之。		
								申。			
					庆诜。						

					庆玄。	光复。	邕,金部郎中。	篆。			
				子真,行台仓部郎中。							
			孝柔。								
		规。	大观。	同人,亳州刺史、光禄少卿。	守忠。	爱景。					
						思讷。	子遂。				
							自勉。				
						仲璋。	伫。				
					翁庆,士曹参军。	日新。					

			元方。	约。	履仁,吏部员外郎。	省躬。				
		柬。								

第二房王氏：

广业,后魏太中大夫。	野父,北齐胶州刺史。	君儒,御史中丞。	孝干。	康寿,集州刺史。			湾,长安尉。			
				玄寿。						
				乾寿。						
				神寿。						
			孝伦。	仁表,祠部郎中。						

				嵌，司勋郎中。							
			孝远，中书舍人。	崇。							
				嶷。							
		友札，安陆令。	玄道，桃林令。								
			元鼎。								
			世鼎，国子主簿。	邈，梁州司马。	彧。						
					蓄，徐州刺史。	益蒙。					
					佶，祠部郎中。						
					琏。	衡。	鲁。	振字文			

								飞。			
				怀让，杭州司仓参军。							
				怀礼，咸宁丞。							
			大鼎，济源令。	方兴。							
				禔。	滂。						
			神鼎。	志仁。	郑卿，殿中侍御史。	达，扬州司户参军。					
		师丘。	道质。	仙客，太常博士。	顼，冀州刺史。	钧。					
						钊。	辟。				

							闱。				
					玚。	铎。					
	季贞。			惠孚。	温之。	暹。		镒。			
						升,阳父尉。	曙。				
							玮。				
							晛。				
							晤。	镃。	愔字韶之。	涣字群吉。	
									慥。	涤字用霖。	
						昱,武城尉。					

河东王氏：

儒贤，赵州司马。	知节，扬州司马。	胄，协律郎。	处廉，汾州司马。	维字摩诘，尚书左丞。							
				缙字夏卿，相代宗。							
				繟，江陵少尹。							
				纮。							
				统，太常少卿。							

乌丸王氏：霸长子殷，后汉中山太守，食邑祁县。四世孙实，三子：允、隗、懋。懋，后汉侍中、幽州刺史。六世孙光，后魏并州刺史。生冏，度支尚书、护乌丸校尉、广阳侯，因号“乌丸王氏”。生神念。北齐亡，徙家万年。

神念,梁冀州刺史、壮侯。	僧辩,太尉、永宁公。	頵,侍中、乐陵守。	珌。	闵。	思泰字知约,郑州刺史。	美畅字通理,司封郎中、薛公。	昕,司农卿、恭公。					
							謦,渭州刺史。					
							翼,盩厔令。					
							弼,长安丞。					
							玢,符玺郎。					
							辉,千牛。					
			珪字叔玠,相太	崇基,主爵员外郎。	体仁,朝散大夫。							

			宗。								
					尚逸字伯夷，定州长史，袭公。						
					齐望，通州刺史。	旭，左司郎中。					
					茂时。	光大，司勋郎中。					
						焘，给事中。	遂，大理少卿。				
							遘，苏州刺史。				
				敬直，南城县男。							

		颎。	遵，工部员外郎。		齐休，仓部郎中。						
	僧修。	景孝，隋屯田侍郎。	诠，汾州刺史、歙县男。	文济，给事中。	仁忠字揖，左千牛将军。	嶷，右卫长史。					
						嵩，尚衣奉御。					
						昆，司农寺主簿。					
						崇，京兆府参军。					
						岩。					
					岃。						
					粤。						
					崟，怀州	础，黔中					

					刺史。	观察使。					
				文洎。	仁皎字鸣鹤，特进、祁昭宣公。	守一，太子少保。					

冏五世孙元政。

元政，幽州别驾。	实，安吉令。	祚，青州司马。	晃，温州刺史。	沼，礼部郎中。							
				洁，国子司业。							
				涯字广津，相宪宗、文	孟坚，工部郎中、集贤院						

				宗。	学士。						
					仲翔,太常博士。						

中山王氏亦出晋阳。永嘉之乱,凉州参军王轨子孙因居武威姑臧。五世孙桥,字法生,侍御史、赠武威定王。生睿,封中山王,号"中山王氏",后徙乐陵。

睿字洛诚,后魏尚书令、中山宣王。	袭字元孙,吏部尚书、中山惠王。	忻,散骑常侍、肆州刺史,谥日穆。	子景,北豫州司马。	元季,隋大中正、开府仪同三司。	有方,岷州刺史。	行果,长安尉。	晙,相玄宗。		殷任,太原少尹、易州刺史。		
							暾,永寿令。				
			真,叶令。	怡,户部							

				侍郎。						

汾州长史王满，亦太原晋阳人，生大琎。

大琎，嘉州司马。	升。									
	昪，咸阳令。	恕字士宽，杨府仓曹参军。	播字明敭，相文宗。	镇，秘书丞。						
				冰，京兆府参军。						
			起字举之，魏郡文懿公。	式，武宁节度使。						

				龟字大年，浙东观察使。	尧，右司员外郎。	权。					
						定保字翊圣。					
						檀字秀山。					
				镣字德耀，汝州刺史。	苹字玄礼。						
			炎字逢时，太常博士。	铸字台臣。 铎字昭范，相僖宗。							

华阴王氏，后徙京兆新丰。

孝杰，相武后。	无择，左骁卫将军。									

京兆王氏出自姬姓。周文王少子毕公高之后，封魏。至昭王彤，生公子无忌，封信陵君。无忌生间忧，袭信陵君。秦灭魏，间忧子卑子逃难于太山，汉高祖召为中涓，封兰陵侯。时人以其故王族也，谓之“王家”。卑子生悼，悼生贤，济南太守，宣帝徙豪杰居霸陵，遂为京兆人。贤七世孙党，上郡太守。卑子九世孙遵，字子春，后汉河南尹、上乐庄侯。遵生舫，舫孙康，康生谌，谌生鹄。舫别孙景，生均、忠。均八世孙罴，至易从徙居汲郡。

罴字罴，后魏雍州刺史、万年忠公。	庆远，直阁将军。	述字长安，隋柱国、龙门庄公。		无畏，都官郎中。						

				俨，工部侍郎。				怀清。			
	明远，周司金上士。	寿，隋州都七职主簿。	喆，河西令。	庆，浦州长史。	易从，扬州刺史。	宾。					
						实。					
						宥。					
						密，越州刺史。	行古。	收字种德。	超字子荣。		
						定字镇卿，太子右庶子、集贤院学士。	逢，殿中侍御史。				
							仲周，摄				

							监察长史。				
					敬从,右庶子。	寥,右骁卫录事参军。					
					择从,京兆士曹参军、丽正殿学士。	察,连州刺史。	自立,缑氏令。	徽字昭文,相僖宗。	椿。		
									樗。		
									松字梦祯。		
					朋从。						
					言从。						

忠七世孙直。

直，瓜州刺史。			承家，都官郎中。		滔，果州刺史。	何，丹王傅。					
	武宣，岳州刺史。	德本，邓州刺史。									
		德真，相高宗、武后。	九思，三原令。	潜，告城令。							
				坦。							
				裔。							
	长谐。	德玄仓部郎中、唐州刺史。	九功。	冲之，度支郎中。							
			九言，驾								

			部郎中、并州司马。								
			士会，陆浑令。	某，宁王掾。							

王氏定著三房：一曰琅邪王氏，二曰太原王氏，三曰京兆王氏。宰相十三人。琅邪有方庆、玙、抟、璇；太原有溥、缙、珪、涯、晙、播、铎；京兆有徽、德真。

魏氏出自姬姓。周文王第十五子毕公高受封于毕，其后国绝，裔孙万为晋献公大夫，封于魏，河中河西县是也，因为魏氏。万生芒、季。季生武子犨。犨生悼子。悼子生昭子绛。绛生嬴。嬴生献子舒。舒生襄子曼多。曼多生文子须。须生桓子。桓子孙文侯都。都生武侯击。击生惠王蓥。蓥生襄王嗣。嗣生哀王。哀王生昭王。昭王生公子无忌。孙无知，汉高梁侯。生均。均生恢。恢二子：伯伦、彦。彦字叔纶，张掖太守。生歆，字子胡，巨鹿太守，初居下曲阳。二子：愉、悦。愉字彦长，侍中。生宙，字惠开，平原郡守。生绍。曾孙宣，北海公。孙统。二子：俦、植。俦为东祖，植为西祖。俦孙薮。三子：倏、意、暨。意裔孙士廓。

士廓，隋治书侍御史。	义，濮阳令。	玄同字和初，相武后。	愔，著作郎。	长裕，河南法曹参军。	充。					
					霓。					
					尤。					
				季隋，膳部郎中。						
				季迈，长安尉。						
			懔，御史主簿。	方回，淄、青二州刺史。						
				方进，御史大夫。	元。	叔正，兼监察御史。				

					循,郴州刺史。					
				广业,升州刺史。	甫。					
			恬,郑州刺史。	峤。	黄裳,开州刺史。					
			协。							
			确,司议郎。							

馆陶魏氏本出汉兖州刺史衡曾孙珉,始居馆陶。珉孙彦。

彦字惠卿,后魏光州长	钊字显义,义阳太守、陵	伯胤。								

史。	江将军。										
		长贤，北齐屯留令。	徵字玄成，相太宗。	叔玉，光禄少卿。	应，秘书丞。						
				叔瑜，职方郎中。	华，礼部侍郎。	瞻，驾部郎中。					
				叔琬。							
				叔璘。							
					殷，汝阳令。	明，监察御史。	凭，献陵台令。	谟字申之，相宣宗。	潜字蕴华。	敖。	
									滂，殿中进马。		
						隋，蓬州刺史。					

						万，兼御史中丞。				
		德振。								

宋城魏氏：

元忠，相武后、中宗。	升，太仆少卿。									
	晃。									

鹿城魏氏：

知古，相玄宗。	喆，延安太守。									
	崧，阳安									

	太守。										
	林，朔州刺史。										
	珏，鸿庐少卿。										
	曜，赞善大夫。										

又有魏盈之族：

盈。	昌。	扶字相之，相宣宗。	筜字守之，刑部侍郎。								

魏氏宰相六人。玄同、徵、謩、元忠、知古、扶。

温氏出自姬姓。唐叔虞之后,以公族封于河内温,因以命氏。又郄至食采于温,亦号温季。汉有温疥,封栒侯,谥曰顺。生仁,仁子何,始居太原祁县。何六代孙序,字次房,后汉护羌校尉。二子:寿、益。寿,邹平侯相。益字伯起,兖州刺史。生恕,孙恢,魏扬州刺史。生济南太守恭。恭二子:羡、憺。憺,晋河东太守。生峤,字太真,江州刺史、始安忠武公。从子楷,随桓谧奔于后魏。兄孙奇,冯翊太守。曾孙裕,太中大夫,生君攸。

君攸,隋泗州司马。	大雅字彦弘,礼部尚书、黎孝公。	无隐,工部侍郎。	克让。								
			克明。								
			晋昌。								
		释胤,坊州刺史。									
				景倩,南郑令。	信字辅国,太常	邈。					

					丞。						
						造字简舆,河阳节度使、礼部尚书,祁县子。	瑨字子侯。				
							璋,京兆尹,检校吏部尚书。				
						逊。					
	彦博字大临,相太宗。	振,太子舍人。	翁归,库部郎中。	缅。							

				续，阆州刺史、虞公。	皓。						
					皎。						
					曦，太仆卿、驸马都尉。	西华，秘书监、驸马都尉。	玚。				
				绩。							
				缵。							
				绍。	早，道州刺史。						
				缄。							
				绚，比部员外郎。							
			翁念，太								

			仆少卿。								
			翁爱。								
		挺，延州刺史、驸马都尉。	常节。	履言，左羽林军将军。	冬日。						
					光嗣。						
	彦将字大有，中书侍郎、清源敬公。	瓒。	焯。								
			炜。								
			炫。								
		瑜，祠部郎中。									
		瑾。									

		璩,职方郎中、陕州刺史。	延赏,陈州刺史。								
			慎微,郑州刺史。								
			道冲,和州刺史。	任。	衮。	初,国子主簿。					
				佐。							
				佚。							

温氏宰相一人。彦博。

戴氏出自子姓,宋戴公之孙,以祖父谥为氏。至汉信都太傅戴德,世居魏郡斥丘。裔孙景珍。

景珍,后魏司州从	胄字玄胤,相太										

事。	宗。											
	仲孙。	至德，相高宗。	良绍。									

戴氏宰相二人。胄、至德。

侯氏出自姒姓。夏后氏之裔封于侯，子孙因以为氏。一云本出姬姓，晋侯缗为曲沃武公所灭，子孙适于他国，以侯为氏。郑有侯宣多，生晋。汉末徙上谷，裔孙恕为北地太守，因家于北地三水。四世孙植，从魏孝武西迁，赐姓侯伏氏，又赐姓贺吐氏，其后复旧。

植字仁干，周骠骑大将军、肥城节公。		君集，相太宗。										

侯氏宰相一人。君集。

岑氏出自姬姓。周文王异母弟耀子渠，武王封为岑子，其地梁国北岑亭是也。子孙因以为氏，世居南阳棘阳。后汉有征南大将军、舞阳壮侯岑彭，字君然。生屯骑校尉、细阳侯遵。遵曾孙像，南郡太守。生晊，字公孝，党锢难起，逃于江夏山中，徙居吴郡。生亮伯，亮伯生轲，吴会稽鄱阳太守。六子：宠、昏、安、颂、广、晏。后徙盐官。十世孙善方。

善方，梁起居舍人、尚书、长宁公。	之象，邯郸令。	文本字景仁，相太宗。	曼倩，雍州长史，袭公。	献，国子司业、梁公。		定，淮南节度判官。					
						弘，太子通事舍人。					
						通，太常					

						寺太祝。					
						至,秘书省校书郎。					
						靖,复州刺史。	融,忠州录事参军。				
							玢,晋州别驾。				
				羲字伯华,相中宗、睿宗。	敷。						
				仲翔,太子中允、	贲字明敭,右骁						

				陕州刺史、博望公。	卫仓曹参军。						
				仲休。	尹，著作郎。						
					炅，叶丞。	赟，司门郎中、衡州刺史。					
						质，殿中侍御史。					
			景倩，麟台少监、卫州刺史、昭文馆学士。	植，仙、晋二州刺史。	谓，澄城丞。						

					况,湖州别驾。	则,右卫率府兵曹参军。					
					参,曹部郎中、嘉州都督。						
					乘,太子赞善大夫。						
					垂,长葛丞。						
				棣，沛令。	臾,眉州刺史。						
				楷，安喜令。	冬卿,邠州长史。						

				椅，监察御史。	终，吉州刺史。	横，凤翔户曹参军。						
						颍，长城尉。						
		文叔。	长倩，相武后。	灵源。								
				广成。								

岑氏宰相三人。文本、羲、长倩。

唐书卷七二下

表第一二下

宰相世系二下

张氏出自姬姓。黄帝子少昊青阳氏第五子挥为弓正，始制弓矢，子孙赐姓张氏。周宣王时有卿士张仲，其后裔事晋为大夫。张侯生老，老生趯，趯生骼。至三卿分晋，张氏仕韩。韩相张开地生平，凡相五君。平生良，字子房，汉留文成侯。良生不疑，不疑生典，典生默，默生大司马金，金生阳陵公乘千秋，字万雅。千秋生嵩，嵩五子：壮、赞、彭、睦、述。壮生胤。胤生皓，字叔明，后汉司空，世居武阳犍为。皓生宇，北平、范阳太守，避地居方城。宇孙肥如侯孟成。孟成生平，魏渔阳郡守。平生华，字茂先，晋司空、壮武公。二子、祎、韪。祎字彦仲，散骑侍郎。生舆，字公安，太子舍人，袭壮武公。生次惠，宋濮阳太守。二子：穆之、安之。安之之族徙居襄阳。

穆之，宋交州刺史。	弘籍字真艺，齐镇西参军。	缵字伯绪，以弘策第三子继，梁雍州刺史、利亭简宪公。			德政，郓州都督、范阳公。						
安之，宋青州主簿。	弘策字真简，梁卫尉卿、洮阳闵侯。	纡，后周宣纳上士，隋巴州录事参军。	则，澧阳令。	玄弼，益府功曹参军。	柬之字孟将，相武后、中宗。	漪，著作郎。	愿，吴郡太守、兼江东采访使。	煦，殿中侍御史。			
							毖，左补阙。				
							勰，荆府仓曹参军。				

							轸,河南参军。				
							某,户部郎中。				
							异,大理评事。				
						峄。					
						琪,晋州刺史。					
								缥。			

韪,晋散骑常侍,随元帝南迁,寓居江左。六世孙隆,太常卿,复还河东,后徙洛阳。生子犯。子犯生俊,河东从事。生弋。

弋字嵩之，周通道馆学士。	洛。	鹭字成鹭，洪洞丞。	光，国子祭酒。								
			珪，户部郎中、怀州刺史。	浣。							
			说字道济，相睿宗、玄宗。	均字均，刑部尚书、大理卿，袭燕公。	岯。						
					密。						
					濛，中书舍人、礼部侍郎。						
					嵍，洛阳						

					丞。						
					岩。						
				珦，太常卿、驸马都尉。	涣。 岱。						
				琡，给事中。	嵊，瀛州刺史。						

河东张氏本出晋司空华裔孙吒子，隋河东郡丞，自范阳徙居河东猗氏，生长度。

长度，银青光禄大夫。	俊兴，相国府检校郎将。	思义，成纪丞。	嘉贞，相玄宗。	延赏初名宝符，相德宗。	弘靖字元理，初名调，相宪宗。	文规，桂管观察使。	彦远，祠部员外郎。				
						景初，殿天保。					

						中侍御史。					
						嗣庆，河南少尹。	彦修。				
						次宗。舒州刺史。	曼容。				
							彦回字几之。				
							茂枢字休府。				
					谂，主客员外郎。	师质，郴州刺史。					
			嘉祐，左金吾将军、相州	宏。							

			刺史。								

始兴张氏亦出自晋司空华之后，随晋南迁，至君政，因官 居于韶州曲江。

守礼，隋涂山丞。	君政，韶州别驾。	子虔，窦州录事参军。	弘雅，明经及第。	处让。	余悌。	济。	秘。				
							稔。				
						附。					
				处玄。	意乂。	行扶。	景当。				
				处璆。							
			弘矩，洪州都督府参军。	昱，初名处钦。	如珽。	辅。					
						友。					
					如玘。	颖。					

						天，湖水环。主簿。					
				处泰。							
			弘载，端州录事。	处荣。	绩，曲江令。	存。	匪躬。				
						诸。					
						护。					
				处茂。	绘。						
					缅。						
					缄。	偲。					
				处伦。	樱。						
					继。	坰。					
						郁。					
				处闲。	随。						
			弘显，戍	处承。							

			城丞。								
				处龚。	翊，兴宁令。	察。	克修。				
						循。	慈明。				
							克戎。				
							思齐。				
							亮。				
						瞻。					
		子胄，剡令。	弘藏。	允龄。	凤初，容州司马。	液。	贡。				
							廉。				
							资。				
							聪。				
						冰，登州文学。	元昌。				

					凤立。	众。	透。				
						准。	宥。				
					凤规。	烈。					
					凤翔。	欢然。	瑾。				
							琛。				
						皓然。	亚之。				
							献之。				
					凤匡。	朋。	慎。				
					凤鸰。	莹。					
						异。					
					凤琎。						
					凤筠。	润。	伯尧。				
							敬叔。				
						满。	锋。				
						深。	伯川。				

			弘毅。	轸龄。	骃。						
					骙。	谌。					
						谈。					
					搢。	仲宣。					
				擅龄，番禺令。	骈。	浼。	称。				
							仍。				
							佶。				
					[illegible]。	仲湾。	玩。				
							琪。				
							瑜。				
						仲赞。	可记。				
						仲懿。					
				澄昱。	恁。	仲彦。					

					恕。	仲文。					
						仲儒。					
			弘智。	处总。							
				处琁。							
				处暹。							
			弘愈，索虑丞。	九龄字子寿，相玄宗。	拯，右赞善大夫。	藏器，长水丞。	敦庆，袁州司仓参军。	景新。	涓，岭南观察卫推。	千寿。	
										皓，仁化令。	谍生澄真。
											讽。
											谣。
											诣。
									郧，湖南盐铁判	钧。	伟二子：翊、珙。

珙二子：文琏、文智。		官。
继生绾。	道兴。	
太玄。		
维四子：赞、琟、嗣宗、居贺。	起，端州司户参军。	
缙六子：贵英、再英、仲英、万英、韶英、可		

英。			
涉二子：璲、璀。璲二子：光敏、光济。璀生文范。	廷杰。	焴；归善令。	景重，洪州都督府参军。
渥生琇，琇生元吉。			
沦三子：琮、琼、璨。琮二子：			

乾用、利用。琮二子：克柔、克己。璨生棠。	沼二子：琏、瑀。琏二子：隆、铉。瑀生亨。	洪二子：珣、璞。珣生克

从。瑛四子：锡、祐、休、铸。											
文达。	瞻，涢阳丞。	燿，乐昌令。									
文曜，三子：威、骞、和。威生怡，骞生士衡。											
文嵩，监东太仓，三子：允											

											恭、允明、化璘。允恭生廉，允明生士调。
				九皋，殿中监、南康县伯。	捷，端州刺史。	仲通，潮阳令。	季延，平乐令。	颙。			
								乔。			
								希范。			
						仲连。	季质。				
					擢，右金吾兵曹参军。	仲师。					

					拱。	仲慰，乐昌令。	勋。				
						仲熊，端州录事参军。	季长。				
							季重。				
						仲宁。	季康。				
						仲傪。					
						仲余。					
						仲友。					
					㧑，昭州刺史。	仲建，平乐令。	肃，晋康主簿。	景思，阳江主簿。			
							璠。				
							珂。	九思。			

								幼之。			
					抗，朔方行军司马、检校户部郎中。	仲端，都昌令。	雄。				
						仲膺，岭南节度判官、殿中侍御史。					
						仲宗，义兴尉。	嘉颖，遂昌丞。	遵业，雷乡主簿。	嶰，太子中舍。	颉，侍御史。	璞，端州录事参军。
											琏。

							可复，潮阳主簿。	钦。			
						仲谟，江都令。	师老，永康令。	绍儒，明经及第。			
						仲方字靖之。秘书监、曲江成伯。	孟常初名景宣，右清道率府胄曹参军。				
							茂宣，太原节度掌书	克俭，戎城主簿。	绮，梧州刺史。	崇纪，宜州军事推官。	瑞，仁化令，二子：文

倚、文蔚。文倚二子：采、授。文蔚二子：揆、操。				记。							
泽三子：絿、绪、缥。絿二子：忠顺、忠璨。绪生忠谓。缥二子：忠											

治、忠晟。

澜四子：玓、珣、瑗、玑。玓三子：惟正、惟吉、惟聪。珣二子：惟稔、惟辟。瑗生惟德。玑二子：

											惟克、惟哲。
						仲孚，监察御史广州节度判官。	叔敖，信安尉。	铤。			
								隋。	难老。		
								晏，韶州判官。			
							继文，韶州司法参军。	智。	桂。		
								俊，韶			

州司仓参军。
忠，明经及第。
温其，绛州刺史。
温士，刑部郎中。
德璘，太原少尹、御史中

							丞。				
						仲本。					
						晳	仲威。				
					捍，建阳令。	仲宽。	闰。	胜。			
								敛。			
							贞。				
						幼挺，初名仲举，陈许节度副使。	复鲁字敦古，度支郎中。	演，初名球。			
								瑊。			
							复珪字环中，议大谏				

							夫。				
						仲道。					
					揆。	仲宇					
						仲楚，漳浦尉。	溱，韶州盐场巡官。				
						仲清。					
						仲丹。					
						仲则。					
						仲绰。					
						仲僧。					
					拔。	敬唐，韶州录事参军。					
						敬直。					

						敬宽。						
				九章，鸿庐卿。	招，大理评事。	谌。	复。					
							至。					
						诩。	和。					
					据，金华令。	管。						
						倚。						
					授，阳川主簿。	仲谊。	璨。					
					操，沂州司马。							
					撗。							
					授。							
					抅。	易简。	𬤇。					

						易从。					
					采，雷州刺史。	克恭，河源令。	希虞，潮州录事参军。	齐彦。			
								齐颖。			
							希璧。				
						克和，戎城主簿。	汝弼，贺州军事判官。	师迎。			
							用晦。	桃符。			
						克让，新州司马。	琏，永顺令。	思猷。			
							瑶。				

							仍裕。				
						克绍，正 议令。	衮，如 和令。	锻。	温卿。	道昭。	
									温裕。		
									温彦。		
									温业。		
					括。						
				九宾。	捨，江都 丞。	仲恭，袁 州录事 参军。	汝翼。	珩。			
								球。			
							汝亮。				
					抚，怀州 参军。	仲修，					
						仲嗣，永	讲。				

						平令。						
							谱。					
					扑，丰城令。	仲雍，都城令。						
					挹。	士检。						
						仲纲。						
						仲绰。						
					揩，程乡令。	衢，恭城主簿。						
						术。	珏。					
							璠，封川主簿。					
						衔。						
		子卿。	钦璟。	震。	讽。	曼。						

					谊。	璨。						
			钦玚。									
		子冲。	弘让，循州录事参军。	庭训。	绪。	璪。						
						玲。						
				庭贵。								
			弘骥。	庭秀。	璀。							
				庭逸。								
		子谟。	弘衍，崖州录事参军。	钊。								
		子猷。	弘胤。	钦萼。	振。	说。						

冯翊张氏本出后汉司空皓少子纲，字文纪，后汉广陵太守。曾孙翼，字伯恭，蜀冀州刺史。子孙自犍为徙下邽。

德言，龙州刺史。	荣。	仁愿，相中宗。	之辅，金吾将军。	通儒，事安禄山。							
				知微初名通幽，仓部郎中。							

吴郡张氏本出嵩第四子睦，字选公，后汉蜀郡太守，始居吴郡。裔孙显，齐庐江太守，生绍。

绍，梁零陵郡太守。	冲字叔玄，隋汉王侍读。	后胤字嗣宗，国子祭酒、新野康公。	震，左卫灵池府折冲都尉、富阳县公。								
			济。								
			谦。								
			巽。								

			律师，王府谘议参军。	继本，泗州刺史。							
				义方字仪，邢州刺史。	府上，朔方节度使、东京留守。	谥字季权，相德宗。					
				承训，博州刺史。							
				承缵，将作少匠。							
					珣，吏部郎中。	缜，度支员外郎。					
			小师，朱阳令。	承休，恒州长史。							
				成绘，邠王瑄。							

				府长史。							
			统师，金部郎中。								
			丰仁，库部郎中。								
			彦师，驾部、职方二郎中。								
			瑾，武德令。	清朝，试大理寺丞。	舟，安南都护、武城县男。						
			道师。								

清河东武城张氏本出汉留侯良裔孙司徒歆。歆弟协，字季期，卫尉。生魏太山太守岱，自河内徙清河。曾孙幸，后魏青州刺史、平陆侯。生准，东青州刺史，袭侯。生灵真。生彝，隋末徙魏州昌乐。

彝字庆宾，后魏侍中、平陆孝侯。	始均字孝衡，光禄卿、平陆孝侯。	晏之字熙德，北齐兖州刺史、恭公。	虔威字元敬，隋江都赞务。		询古，吏部侍郎。	谈，考功郎中。					
					询孝，太仆少卿。		缣，遂州刺史。				
				文𪻐，刑部员外郎。							
			虔雄，隋阳城令。	文禧，常熟主簿。	某，昌乐令。	某，河西行军司马。	云字方庆，桐城令。	宇，扬州户曹参军。			
								宷，秘书省校书郎。			
				文瓘字稚漪。							

				圭，相高宗。							
					潜，扬州长史。	宽，库部郎中。					
						齐，杭州刺史。					
				沛，同州刺史。	成绮，金吾将军。						
					洽，魏州刺史。	宥，扬州长史。	衮，虢州刺史。	载华，兼御史中丞。	正则。	知实字冠仁。	保望字渭叟。
							褒。				
					涉，殿中监、汴州刺史。	鹏，陆浑丞。					

						士矩，右司郎中。					
					冲字孝源，价休令。						
				文琮，吏部侍郎。	戬，江州刺史。						
					挹，比部郎中。						
					锡，相武后、温王。	欢。	惟一，华州刺史。				
						寂，司勋郎中。					
				文收，太子	孝询，太						

				率更令。	常少卿。						

河间张氏，汉常山景王耳之后，世居鄚县。后周有司成中大夫、虞乡定公张羡，赐姓叱罗氏。生照，照字士鸿，隋冀州刺史，复为张氏。三子：惠宝、惠瑶、惠珍。

惠宝，隋绛丞。											
惠瑶，瓜州司马。	祖政，杭州刺史。	晤，怀远令。									
	祖令，巫州刺史。	处冲。									
		处讷。									
		处珣。									
惠珍。		约。									

		通，曹州刺史。	寂。	游艺，遂州别驾。	升。	参，国子司业。					
						绚，房州刺史。					
						缜，京兆司录参军。					
					兑。	绸，兰溪令。	君卿，正字。	旸字公表，天平节度使。	文蔚字在华，相哀帝。		
									济美字舜举。		
									贻宪字去华，户部巡官、		

									集贤校理。		
					丰，侍御史。						
					震，江西采访使、洪州刺史。						
			孝开，蒲州刺史。	知久，洪州都督。	栖贞，汝州刺史。	感。	应，安南都护。	仲素，中书舍人。	铎字司振。	浚字禹川，相昭宗。	格字承之，太学博士、直弘文馆。
											播，右拾遗。
										泳。	侃字乐

											圣。
										沉。	林字徵之。
								仲连。			
								幼兰。			
								季真。			
								季遐。			
					宾庭，洛阳尉。	风力，扶沟令。		蕲，通州刺史。			

中山张氏出汉北平文侯仓之后，世居中山义丰。

长谐。	行钧。	希臧，雍州司户参军。	昌期，岐、汝二州刺史。								
			昌仪，司府								

			少卿。								
			同休，司礼少卿。								
			易之，麟台监、恒公。								
			昌宗，司卫卿邺国公。								
		鲁客，长安令。									
	行成，相太宗、高宗。	洛客。	翁喜，陈州刺史。								
			彦起，司封郎中。								
		梁客，吏部郎中。									

魏郡张氏世居繁水。

公谨字弘慎，襄州总管、郯襄公。	大象，户部侍郎。										
	大素，给事中。	悱，国子司业。									
			翙，汲郡长史。								
	大安，相高宗。	洽，左金吾将军。	之绪，都官郎中。	堲。							
				墊。							
		涚，同州刺史。	臻，秘书少监。								
			揆。								

		浚，侍御史。		之续。							

汲郡张氏世居平原。

善见，越州司马。	武定，荆州户曹参军。	知古，代州司功参军。	镐字从周，相肃宗。								

郑州张氏。

亮，相太宗。	慎微。										

张氏宰相十七人。柬之、说、嘉贞、延赏、弘靖、九龄、仁愿、镒、锡、文瓘、光辅、文蔚、濬、行成、大安、镐、亮。

马氏出自嬴姓，伯益之后。赵王子赵奢为惠文王将，封马服君，生牧，亦为赵将，子孙因以为氏，世居邯郸。秦灭赵，牧子兴徙咸阳，秦封武安侯。三子：珪、琛、嵩。嵩生述，字贞惠，汉太子大夫、平通侯。生权，为宁东将军。三子：何罗、通、伦。通字达，黄门郎、侍中、重合侯，坐何罗反，徙扶风茂陵成欢里。生宾，议郎、绣衣使者。三子：庆、昌、襄。昌生仲，玄武司马。四子、况、余、员、援。余字圣卿，中垒校尉、扬州牧。二子：严、敷。严字圣卿，后汉将作大匠。七子：固、伉、歆、鲊、融、留、续。歆十一世孙默，十二世孙岫。

默，后魏雍州持中。	思欢。	祚。	仲绪，隋荆府长史。	匡武，瀛州刺史。							
				匡俭。	克忠，洛阳尉。	拘，驾部员外郎。	曾。				
						措。					
						择，兵部员外郎、河间太守。	昔。				
							署。	逢，兼监察御史。			

岫字子岳，后周荆州刺史、扶风肃公。	乔卿，梁襄州主簿。	君才，右武侯大将军、南阳郡公。	珉，万岁令。	季龙，岚州刺史、大同军使。	炬。	当，右谕德。					
					炫字弱翁，一字抱元，刑部侍郎。	陶，太子中舍。	寅。				
							庆。	巢。			
								俭。			
					燧字洵美，相德宗。	汇，太仆少卿。	敖，左卫仓曹参军。				
							敭，右清				

							道率府仓曹参军。				
						畅，少府监。	继祖，殿中少监。				
			懿，均州刺史。								

扶风马氏：

嚏。	植字存之，相宣宗。	郁。	俦字后己。								

茌平马氏，北齐有茌平令暹，因家焉。

暹。	瑗，本郡户	周字宾王，	载尚书左	观。							

	曹从事。	相太宗。	丞、吏部侍郎。								
				觊，吏部郎中。	元振。						
					元拯。						
			恂，河南令、丹州刺史。								

马氏宰相三人。燧、植、周。

褚氏出自子姓。宋共公子段，字子石，食采于褚，其德可师，号曰“褚师”，生公孙肥，子孙因为褚氏。汉梁相褚大，元、成间有褚先生少孙，裔孙重，始居河南阳翟。裔孙招，安东将军、扬州都督、关内侯。孙䂮，字武良，晋安东将军，始徙丹杨。五子：颇、说、洽、裕、祥。洽，武昌太守。生征讨大都督、都乡元穆侯裒，字季野。二子：歆、熙。歆字幼安，秘书监。生爽，字义弘，会稽王谘议参军。爽五子：秀之、粹之、陟之、裕之、淡之。秀之字长倩，宋太常，四子：儁之、淇之、贞之、法显。

法显，宋鄱阳太守。	炫字彦绪，济安成王师，谥曰贞。	汉，梁御史中丞、中书侍郎。	象，太子舍人。	玠字温理，陈御史中丞、掌东宫管记。	亮字希明，左散骑常侍、阳翟康侯。	遂贤，郇王友，袭侯。	兼艺，永州司功参军。	璆，吏部郎中。			
								琇，给事中、常州刺史。			
								珣，京兆士曹参军。	元方，大理评事。		
						遂良字登善，相高宗。	彦甫，秘书郎。	侨。			
								休。			

五世孙度。											
七世孙韶。											
			伦。	彦冲，城门郎。							
			俨。								
			松，司农少卿。	彦季。							
					遂功。						
				鸣鹤。	逢年。						
				鸣谦。							

褚氏宰相一人。遂良。

崔氏出自姜姓。齐丁公伋嫡子季子让国叔乙，食采于崔，遂为崔氏。济南东朝阳县西北有崔氏城是也。季子生穆伯，穆伯生沃，沃生野。八世孙夭生杼，为齐正卿。生子成、子明、子强，皆为庆封所杀。子明奔鲁，生良，十五世孙意如，为秦大夫，封东莱侯。二子：业、仲牟。业字伯基，汉东莱侯，居清河东武城。生太常信侯昱。昱生襄国太守穆侯绍，绍生光禄勋嗣侯雅，雅生扬州刺史忠，忠生散骑常侍泰。泰字世荣，始居歙县。二子：恪、景。恪，丞相司直，生郡功曹殷。七子：双、邯、寓、金、虎、蕃、固。双为东祖，邯为西祖，寓为南祖，亦号中祖。寓四世孙林，字德儒，魏司空、安阳孝侯。曾孙悦，前赵司徒、左长史、关内侯。三子：浑、潜、湛。湛生凯，后魏平东府谘议参军。生蔚，自宋奔后魏，居荥阳，号郑州崔氏。

蔚，后魏郢州刺史。	暹字元钦，武川镇都督、武津县公。	瓒字绍珍，兼尚书左丞。	茂字祖昂，袭武津县公。								
						玄觏，吏部员外郎。					

		庆宾。			神鼎，亳州刺史。	克让，晋州刺史。					
						贞固。	广，眉州刺史。				
	幼字季阳，后魏永昌郡守。	彦珍。					何，朗州刺史。	温卿。			
		景茂。		士宪，益州行台兵部尚书、普安公。		叔瑜，吏部郎中。					
					元弈，秋官郎中。						
		彦璋。		公礼，泗州							

				刺史。							
		彦穆字彦穆，后周少司徒、东都公。	君绰，丞相府宾曹参军。								
			君肃，隋黄门侍郎。	思默，邢州刺史。							
				思约，和州刺史。	骞。						
					逢年。						
					言道，岳州刺史。						
					哲，巴令。	均丹州刺史。					

						志廉，右庶子。	杰。				
							儒。				
							伷，右拾遗。				
						广。					
						君宙。	思敬。		希乔，监察御史。		
				千里。	元综，相武后。						
			君赡，隋秋官侍郎。								
		彦升。			玄籍，利州刺史。	恪，申州刺史。	胜。	部字秉公。			

			录事参军。								
			緷。								
			缉。								
			缀。								
			绍。	蕴，监察御史。	综。						
					则。						
				升，稷山尉。	继。	荣。					
			翘，礼部尚书、清河成公。	陵，詹事府司直。	庇。	璙字润中。	昭符字子信。				
							昭原字勋美。				

							昭纬字蕴曜，相昭宗。				
							昭矩字表谋。				
					夔，于潜尉。	欢，襄陵尉。					
						悦，林虑主簿。	述，河南府士曹参军。				
							严，仓部员外郎。				
						忻，河南法曹参军。					

					嶷，光禄丞。						
				同，大理少卿。	峰。	应。					
						厦，襄城主簿。					
					廞，惠陵令。	公弼。					
						公度。					
						弘本。					
						延龄。					
						允中。					
						彦雍。					
					平仲，凤翔少尹。						

				异，渠州刺史。	照，将作监丞。	稔，钜野令。	部。	临。	充美。		
							浔。				
						嵛，渑池令。	贲。				
							德雍，《周易》博士。				
						岐，江阴主簿。	邺。				
						嶙。					
						嶛。	弦，河东令。				
					达，江陵少尹。	颍。					

						彦恭。					
					励，陕府司马。	次玙。					
					能字子才，岭南节度使、清河郡公。	师蒙。					
						由道。					
						彦曾，初名宣孝，徐州观察使。	虬，京兆府参军。				
							祐之，荥阳尉。				

					从字子义，淮南节度使、清河县伯。	彦方，寿安尉。	敬嗣，太子詹事。	整字文庄，广州支使。			
						慎由字敬止，相宣宗。	昌遐字贻休，太子宾客。				
							胤字垂休，相昭宗。	缥。			
								纶。			
								蠡。	浔。	亿。	
						周恕，初名慎经，	有邻字朋善，祠	钧。			

						司封员外郎。	部郎中。				
						安潜字进之，太子太傅、贞孝公。	棍字制之，太常卿。				
							敍字济之，右拾遗。				
							伽护。				
						彦冲，太子宾客。	勍字思柔，太常博士。				
							就字德成，户部				

				侍郎。							
				让郎，兴元少尹。							
				涓字虚己，司封员外郎。							
				蛋字得年，太常丞。							
					谅。	总，太子谕德。					
					彦儒，盩厔尉。						
					彦崇。	宪，西主簿。					

						彦弘。					
				戭，太子少詹事。							
			系，伊阳丞。								
			朔，京兆府法曹参军。								
	县象。			季恭，兼监察御史。							
	县黎，主爵员外郎。	鼎。									

伯基八世孙密。密二子：霸、琰。霸曾孙遵。

遵，后燕太常卿。	抚，宋汝南太守。	群，后魏冀州刺史，始居蓝田。	棱，隋蓝田太守。	君摸。	文举。	察，相武后。					
				君操。	文仲，吏部郎中。	斌，苏州长史。	安石，汝州长史。	岩。	韶。	绾字公绶。	
								锐，大理少卿。	护字殷功，岭南节度使、武城县子。	承裕，泾原观察推官。	
									咸字重易。	翔字图南。	

琰字季珪，魏尚书。生琼，字士文。生遇。遇生瑜。瑜生逞，字叔祖。逞生祎。祎四世孙溉。

溉。	义玄，御史大夫、清丘贞公。	神基，相武后。									
		神庆，司刑卿、魏县子。	琳，太子少保。	俨，谏议大夫。							
				睦，绛州刺史。							
			珪，怀州刺史。	侁，工部侍郎。							
			球，郓州刺史。								
			瑶，光禄卿。	杰。							
				仪，兼御史							

				中丞。							
			琨，石州刺史。	傅，鄂州刺史							
		神福，荆州长史。									

清河大房：逞，少子逦，宋青、冀二州刺史。生灵和，宋员外散骑常侍。生后魏赠清河太守宗伯。生休、寅。休号大房。

休字惠盛，后魏殿中尚书、文贞侯。	倰字长孺，北齐七兵尚书。	瞻字彦通，吏部郎中、武城文公。	龙藏。		子源，同州刺史。	叔封。					

			智藏。			忱，千牛将军。	瑛，光禄少卿。	堙，驸马都尉。			
	仲文，北齐光禄大夫。	僙，隋内史舍人。	世济，太子洗马。	元誉，湖州刺史。							
				元敬，和州刺史。	希古，蓝田令。	迴，大理评事。	瑝	绶。	璐字大圭。	赏字昌衡。	
				元祚，大理司直。							
				元德。							
				元奖，吏部侍郎、杭州刺史。	庭玉，右骁卫将军、冀州刺史。	孝童，监察御史、濮州刺史。					
						嗣童，陵					

						州刺史。					
						惠童，驸马都尉。					
				元异。							
				元彦，正平令。	逸甫。	端。	敖，太常博士。	操。			
								换。			
								抟。			
					法言，相州别驾。						
					隐甫，刑部尚书、忠公。	澈。					
						微，河南少尹。	溉，太常少卿。	倬。			

							泳字君易,陆浑尉。				
						潜,处州刺史。	胜。				
							丰。				
						恐。					
						涣。					
			载。	元纪。	守默。	从一。					
			虔。	益字元友。	昕,雅州别驾。	审。					
						容。					
						邃。					
					晖,唐州刺史。	诚。	黄。	龟从字玄告,相	殷梦字济川。	晊字正封。	

								宣宗。			
										昈字汉杰。	
				庆复，大理少卿。							
	叔仁，后魏颍州刺史。	挺。							辂。		
							冲，少府少监。	通。	枢，秘书监。		
		彦武，隋魏州刺史。	正辨，丰阳男。	玄彭，乌兰令。			述，右谕德。				
							邈。				
				玄默。	思庆。	延宾。	嘉祥。				

					思贞，隰州刺史。	庭曜。					
						庭暾。					
						庭晦，国子博士。	嵩。				
							畐。				
	子侃，后魏通直常侍。			思隐。							
	子聿，后魏东莞太守。	求言。	同，博州刺史。								
		张苍。				少通。					
						少容。	丰，洛阳丞。				

									公辅，雅州刺史。		

清河小房：寅字敬礼，后魏太子舍人、乐安郡守。生长谦，给事中、青州刺史，生子令、公华。

子令，高唐令。	世瑛。										
			奉节。								
			奉孝。	钦让。							
				钦古。							
				钦善。							
公华。	大质，复州刺史。	玄览。			湛字湛然，郑州长史。	虔，大理司直。	称，户部员外郎。				

							穜，侍御史。	冕。			
								岘字公升。	羲字尚逸。		
							秩。	干字藩之。			
								玘。	彦辞。	胶字寿卿。	
									彦回字瑞源。		
									彦昭，相僖宗。	砺字殷诰。	
						朝字懿忠，郑、怀二州	积字实方，检校金部郎	群字敦诗，相宪宗。	严，同州参军。		

						刺史。	中。				
									充字茂用，东都留守。	铸源字司钧。	
								申，侍御史、内供奉。	渐。	谊字宜之。	
							稧。				
							程。				
							税。	准，宣歙观察使。			
						粲。					
		玄弼，延州刺史。	弘默。	沌。							
			道默，赤		宽赤	岳。	师本。				

			尉。		尉。						
							季长。				
			道郁。	综，醴泉令。	佶太子中允。	逕，大理寺主簿。	郕字士则，楚州刺史、淮南营田副使。	锷，当涂尉。			
								行古。			
								琏。			
								瑊。			
						陲，御史中丞。	邠字处仁，太常卿，谥曰文简。	璜，吏部郎中。	彦绰字有裕。		
							丰，司农	瓘字汝	彦融字	协字思	颀。

							卿。	器，吏部尚书。	应求，万年令。	化。	
											颂。
											寿。
											贞。
							郾字广略，浙西观察使，谥曰德。	禹。	义进字待举。		
								瑶字韫中，鄂岳观察使。			
								瑾字休瑜，湖南观察使。	廷表字汉臣。		

									廷宪字舜举。		
								璆字致美，相黄巢。			
							郇，大理卿。				
							邯。	瓒字锡勋。			
							鄯，右金吾将军。	琢字子文。	仁颖字处之。		
								瑄字右王。	仁遇字赞尧。		
								琛字真器。			

								珮字声谏。			
								琪字庭秀。			
							郸，相宣宗。				
							鄘字德章。				
						峤字岩士。					
					伷，河险尉。	讽，枝江令。					
			道桢。	子美。	泉，兵部郎中。						
					漪。	敦，太常					

						卿。					
						敷。					
						汶。					
						敏，永州刺史。	贻哲。				
							贻俭。				
						敖。	行先。				
					溆，温州刺史。	微。					
						敞。					
						务。					
						放，检校郎中。					
			道猷，正子、清河	庶莹。							

			公。								
				秀，岐州刺史。	著。	褒。	丕。				
						衮。					
						襄。					
						兖。					
					冀。						
					羡。						
					益。						
					荐。	庠。					
						文。	赓字长言。	濛字遐泽。			
								瀣字德信。			
					特。						

					颢。						
				收。							
			志德，京兆参军。								
		玄机，陈州刺史。	循礼。	融，右司郎中。							
		玄泰，绵竹令。	行温，延州刺史。	绍，郓州刺史。	颜。	义，虞部郎中。	俭。	隋字邵业。			
				骑。	镇。						
					鹏。						
				绛。		谦，太子詹事。	邯。				
							鄠。				
							鄘。	坦。	璘字垂裕。		

							郿。				
					路。	信，滁州刺史。	元藻字衮华，武功令。				
						礼。					
					贡。	祐。					
						永。					
						济，处州刺史。					
						威。					
						象。					
						广。					
						暐。					
					参。	包。	述。	珏字梦之。			

			行坚，金州司马。	纲。	汪。	师周。					
						师鲁。					
			行集，翼州刺史。								

清河青州房：琰生钦。钦生京。京孙琼，慕容垂车骑属。生辑，宋泰山太守，徙居青州，号青州房。辑生修之、目连。

修之。	元孙，宋尚书郎。	亮字敬，后魏侍中、仆射贞烈公。	士泰，征蛮别将、乐陵文肃公。	肇师，北齐中书侍郎、襄城县男。		道淹。	方骞，万年主簿、临洛子。	贞固，武功主簿。	景旺，大理评事。	圆，相肃宗。	褒。
			敬默，魏征虏长史。	思韶，冀州司马、武城子。		子布。			成奭。		

									成周。		
					子治。	弘道，济州刺史。					
					子叶。				漪，库部郎中。	经。	
										绚。	
									洽，成都少尹。	绎。	
										缮。	
	幼孙。	光伯，后魏太傅谘议参军。	滔，后魏殷州别驾。		信明，怀州刺史。	冬日，天官鸾台侍郎。					
目连。	僧渊，后魏南青州刺史。					惟怦，海、沂等州司	镜邈。				

						马。					
							国辅，礼部员外郎。庆。				
				知道，大理司直。	玄同，相州刺史。	倚。	翰字叔清，汴宋观察巡官、试大理评事。				
							华。				
							国况。				
			敬素，侍御史。								

博陵安平崔氏：仲牟生融。融生石。石生廓，字少通，生寂。寂生钦。钦生朝，汉侍御史。生舒，汉四

郡太守。二子：发、篆。篆，郡文学，生毅。毅生驷，字亭伯，长岑长，二子：盘、实。盘生烈，后汉太尉、城门校尉。生钧，字州平，西河太守。十世孙昂。

昂。	仁师，相太宗、高宗	揣，亳州刺史，袭安平公。									
		擢字扬庭，雍州司功参军、安平男。	液，吏部员外郎，袭安平男。	鲸，奉天令。	升，监察御史。	审，大理卿。	镠，舒州团练判官、试大理评事。				
							钜，岭南节度副使。	又新。			
								又初，永泰令。			

				鲵。	晔。	简，连州刺史。	铎。	弘裕字道益。			
							镡字一用。				
						策，监察御史。					
						筥。					
		摄，恒州刺史。									
		挹，户部尚书。	湜，相中宗。								
			泌，刑部员外郎。	讽，户部郎中。							
				论，大理卿。							
			涤，秘书监、								

			安喜县子。								
			涖，吏部员外郎。								
	仁术。	晃，郃阳令。	表，岭南节度副使、殿中侍御史。	道雅，寿州团练推官。							
				道音，枣阳令。							
				道融，右补阙。	隋，司勋郎中。	筠苏州司功参军。	溥。	绚。			
					晋，秘书省正字。						
				道猷，度支							

				江陵院巡官、试大理评事。							
				道纪字玄风，处州刺史。	涯，汜水令。						
					淘，青州平卢节度掌书记。						
				道枢。	昌范，隋州军事判官。						
					昌远，曹州刺史。						

					昌符。						
					昌胤。						
			实，桂州观察推官、秘书省校书郎。								

大房崔氏：骃少子实，字子真，后汉尚书，生皓。皓生质。质生赞。赞生洪，字良夫，晋大司农，生廓。廓生遈。遈生懿，字世茂。五子：连、琨、格、邈、殊，又三子：怡、豹、侃为一房，号“六房”。连字景遇，巨鹿令，号“大房”，生郡功曹绰。二子：标、鉴。标字洛祖，行博陵太守。生后魏镇南长史广，字仲庆。生元猷，元猷生当。

当字文业，后魏中书侍郎。	伯谦字士逊，鸿庐卿，谥曰懿。	渊字孝源，青、冀二州司马。	综字君维长安令。	慎字行谨，胡苏令。	玄暐，相武后、中宗	璩，礼部侍郎，袭博陵郡公。	震。				

							涣，门下侍郎。	纵，御史大夫、恒山忠公。	元方，沔州刺史。	碣字东標。	善。
								捷，万年尉。			
								扬，三原丞。			
							贲，侍御史。				
						珪，汾、相等州刺史。	巽，常州刺史。	括。			
							益，朗州刺史。				
							复，凤翔				

							少尹。				
							观，大理评事。				
						瑁，主客郎中。					
						璆。	解，光禄卿。				
							颐，兼侍御史。	操，检校郎中。			
								哲。			
					升字玄乐，刑部侍郎。	璘，冯翊郡太守、兼采访使。	婴，郢州刺史。	贞固，榆次尉。	戣，检校司勋员外郎。	庾字韬德，荆南观察支使。	
										序字东	

										玉。	
									戎字可大，衮海观察使、安平县公。	雍，和州刺史。	党儿。
											归僧。
										福字昌远，员外郎。	
										裕字宽中。	
										厚字致之，司勋郎中。	晏字道安。

											晟字景熙。
									戢。	朗字内明，长安令。	
						琏。	察，殿中侍御史。				
				行简，刑部员外郎。	旭。	槩。	耿。	晔字挺秀。			
				行功，秘书监。	旻。	诚，左金吾将军。					
						训，文州刺史。					
						䜣，华州刺史。		太素。			

					景。		署。				
					昱。		峒，左补阙。				
					晷。			损字至无，相德宗。			
					晃。	铣，驸马都尉、太仆卿。	鸾，信王傅。				
					晕。	行整，雍州录事参军。					
					晨。		续，和州刺史。				
					昊，眉州						

					刺史。						
				行真。	昙，沣州刺史。						
					量。						
	仲让，西魏鸿庐少卿。		凤林，刑部郎中。	从俗。	无诡。	倚。	玎，汾州刺史。				
				无畏。							
					无诐，荥阳郡太守。						
			凤举。	从令。	无诤。						
				从礼，太子家令，安喜公。							

	叔仁。		元嗣，隰州刺史。								

鉴字神具，后魏东徐州刺史、安平康侯。三子：含、秉德、刁。秉德，骠骑大将军，谥曰靖穆。子忻、君哲、仲哲。

仲哲，后魏司徒行参军、安平县男。	长瑜，开府中兵参军。	子博，隋泗州长史。	元平，侍御史。	行范。	安俨，主客员外郎。	藏类。					
						藏颖。	诸。				
							锝，兼御史。				
				行则。	慎微，复光业。						

					州刺史。						
						光绪，夔州刺史。	恁。				
		子信。		义起户部侍郎。							
	仲琰。	君昭。	播。	玄亮。	无纵。	望之。	倜，泌州刺史。				
						释之，屯田郎中。					
						藏之，膳部员外郎。	侠，郴州刺史。				
						浑之。	徼，尚书右丞。	元略，义成节度使。	铉字台硕，相武宗、宣宗。	沆字内融，相僖宗。	

									宗。		
										汀。	
										潭字德鉴。	
										沂字德润。	
										济字德泽。	
									锱。		
								元受，直史馆、高陵尉。	钧字秉一。	泽字中极。	构字高秀。
										泳字表圣。	
										濯字昭	

										美。	
										浣字几化。	
									錤。		
									铢，安、濮二州刺史。	涿，刑部郎中。	榆。
											税。
								元式，相宣宗。	镇字重威。		
									锎字君。 钜字挺业。		
								元儒。	锴。		
						琨之。					

						温之，邓州刺史。		璠。			
					无固，汴州司马。						
					无怠。		河图，谏议大夫。				
		君升。	道洽，膳部郎中。		诚，刑部郎中。		明允，礼部员外郎。				
书字贵礼，后魏河东太守	仲业。			仁睿。	玄祎。	宽，比部郎中。	其兴。				
					玄祇，刑部侍郎。						

	叔业，后魏南衮州别驾。			仲立，亳州刺史。							

第二房崔氏：琨字景龙，饶阳令，行本郡太守。二子：经、郁。经生辩，字神通，后魏武邑太守、饶阳侯，谥曰恭。二子：逸、楷。

楷字季则，后魏殷州刺史、后将军。	士元。	育王。北齐起部郎。	蔚字文豹，本州大中正。								
		励德。			慎知，济州刺史。		颋。				

					慎微，汾西令。	浙，乐陵令。	庶，陈留尉。	行检字圣用，池州刺史。	惠文。		
	士谦，周江陵总管、武康郡公。	旷，隋浙州刺史。	丕。								
			顺，湖州刺史。			珍，洋州刺史。	绾，陇州刺史。	佶，汉州刺史。			
			弈，芮州刺史。	大方，海州刺史。							
				大起。							
				万石，中书舍人。			权。				
							揆。				

			礶，陇州刺史。	恭礼，驸马都尉、博陵郡男。	去惑。	嵩。		颍，信州刺史。			
					兴宗，饶州长史。	倜，临涣丞。	懿。	颋，同州刺史。	琯字从律，山南西道节度使。		
									珦。	汪字希度。	
									璪，刑部尚书。	滔字深之。	
									珙，相武宗。	涓字道源，御史大夫。	仁鲁字化元。
											仁矩。

仁宝字国华。											
	潼字为中。										
远字昌之，相昭宗。	澹字知止，吏部侍郎。	屿字朗士，河中节度使。									
	勃字晏之。										
		瑨，常州刺史。									
	渎字遥源。	球字叔休。									
	澄字鉴之。										

								颙，宋州刺史。			
								𫖮。			
								[illegible]，贺州刺史。			
					进思，黄州刺史。	佚，长安令。					
					润之。	昌容。	器，御史大夫。				
				固本。	琦。						
		彭字子彭，隋左领军大将军领慈州事、安阳	宝德，主爵郎中。		道斌。	镇，仓部员外郎。					

		肃侯。									
						镕。	延，职方员外郎。				
			知德，绛丞、安阳男。	景运。							
						寓，吏部郎中。	宣，京兆少尹。				
						宥，工部郎中。					
			知机，洛州刺史。	仲恭，幽州功曹参军。							
		晔。					汉衡，兵部尚书。				
							励，太子				

							左谕德。				
	说，后周大将军、安平壮公。	弘度字摩诃，隋检校太府卿、武乡郡公。	奉贤，沔州刺史。								
		弘升，隋左武卫大将军、黄台县公。	处直。				哿，扬州司马。				
			处仁。		璆，刑部郎中。						
					琬，同州刺史。						
					顼，壁州						

					刺史。						
		弘峻，隋赵王府长史。	俨，雒令。	暄，汝州长史。	证字若虚，太子宾客。						
				皓，安平公。	浑，监察御史。						
					沔字若冲，太子宾客、清河孝公。	成甫。					
						祐甫字贻孙，相德宗。					
				暀，徐州司马。	涛，大理少卿。	仪甫，大理丞。	倰字德长，户部	岩字标鲁，襄州	瞻字藏用。		

							尚书、安平肃公。	观察掌书记。			
					滂，巴州刺史。	婴甫。	植字公修，相穆宗。				
				璥，武连令。							
		弘寿，左监门将军、获嘉侯。	万善，阆州刺史，成安县男，谥曰信。	文宪，右武卫将军，袭成安县男。			椲，吏部员外郎。				
				文宣。			嵩，驸马都尉。				
				文操，滑州刺史。		润，醴泉令。	立之。				

		弘正，邺公。									
		弘舟，隋内府监、安平郡公。	琎，隋左千牛。								
	士顺，周同开府行参军。			文绪。		伯阳，御史中丞、同州刺史。					
							倚，沣州刺史。				

郁，后魏濮阳太守，生挺。

挺字双根，后魏司徒、泰昌景子。	孝芬字恭梓，太常卿、太昌县公。	勉字宣祖，定州大中正。	龙子，司州治中，以宣度子继。								
		猷字宣猷，隋大将军、汲郡胡公。	仲方字不晓。齐，信都太守、固安县伯。								
				焘字大德，凤泉令、石城县男。	安上字敦礼，相高宗。	修业，太子通事舍人。	处实，虞部郎中。				
						守业，刑部侍郎。	贞简，坊州刺史。				

							贞慎，兵部侍郎。				
							贞敏，鄜州刺史。				
					元玚。	同业，主爵郎中。					
						崇业，主客员外郎。					
					余庆，兵部尚书。	遵业，夔州司马。	恒，河南司士参军。				
						绍业，秋官郎中。					
					绩。						

					辅。						
				令。	承福，越、广二州都督。	先意，州刺史。	邓巘，荥阳郡长史。	淙字君济，同州刺史。	楠字茂孝。		
									杞，驸马都尉。		
								清，户部郎中。	柷，殿中侍御史。		
								湘。			
							峒，玄武令。				
							峻，左司员外郎。				
						先志。	峋。				
							崨，光禄				

							少卿。				
						先事。	昶。	瑜。	周桢，右补阙。		
									周衡字可权，处州刺史。		
						先知。					
			叔重，隋虞部侍郎、固安县公。	干字道贞，黄门侍郎、博陵元公。							
						浚，主客员外郎。					
		宣度，隋恒农太	公业。	元植。	茂，袁州刺史。	艺。		厦，舒州刺史。	冽。		

		守。									
						珽，合州刺史。	锐，起居舍人。				
							令钦，国子司业。	真。			
				轮王，司部郎中、安平公。		怀从，户部员外郎。	璇之。	淼。			
								公余，检校郎中。			
		宣轨，隋考功郎中。									
		宣质。									
		宣静。									

		宣略。									
		长升，鲁山令。									
	孝晔，后魏赵郡太守，谥曰简。	昂字怀远，北齐祠部尚书。	君赞，瀛州刺史。	德厚。	恂，司农丞。						
					行成，户部郎中。	淳，稷州司户参军。					
							季孙。				
							仲孙。				
			液字君洽，隋中书侍郎。	昙首，掖令。	谧，中书舍人。						

					绍睿，武邑令。	顶，白水尉。	升之，汾西令。	遴，建昌丞。	景伯。		
								造字玄宰，相德宗。	懿伯。		
								述字元明，房州刺史。	文伯。		
									武伯。		
				洽，隋散骑常侍。	治，武疆令。	预，监察御史。	育，江阴令。	孚，长城令。	弘礼字从周，刑部尚书。	彦防。	
										彦佐。	
										彦辅。	
										彦博。	

										彦恭。	
										彦光。	
										彦金。	
										彦载。	

第三房崔氏：格二子，蓄、颍。蓄生天护。颍八世孙不疑，左补阙。

天护。	穆字子和，后魏州主簿。	谋开。									
		暹字季伦，北齐尚书右仆射、仪同三司，谥	达拏，后周御府大夫。								

	曰贞节。										
纂字叔则，后魏冀州刺史，谥曰简。	觖，北齐散骑常侍。	诚。	仪表。	敬嗣，房州刺史。	悦，洛州司户参军。	光远，剑南节度使。	千龄。				
							拘。				
							据，成都少尹。				
						光迪。	抗，杨府司马、通事舍人、将作少监。	玄亮字晦叔，虢州刺史。	煜。		
									刍言字	贻孙字	

										询之，昭义节度判官。	伯垂。
										罕言。	
										缓，中牟尉。	
										定言字安道。	望孙字圭卿。
									纯亮。		
									寅亮。		
									仁亮。	听，以玄亮子继。	
					逵。	悰，主爵员外郎。					
				行表。			玄胤，司贵成，邛				

							农卿。	州刺史。			
			世立，隋大理少卿、安平县子。	固俭。							
				抗，祁阳令。	潜，济州刺史。	承构，凤阁舍人。	良佐，湖城簿。	元翰，比部郎中。	文舆。		
								鹄。			
							良弼。	恭，汾州刺史。			
					漪，河间丞。	日用，相睿宗、玄宗。	宗之，右司郎中。	儒，户部郎中。			
					汲，长安丞。	日新。		复，兴州刺史。			

						日知字子骏，潞州长史、中山襄公。	禹，坊州刺史。				
							众，工部员外郎。				
						日宣。	益，宣州衙推。	绰。			
								重明，虞部员外郎。			
								寄，河东令。			
			琬，祝阿	载，深州治							

		令。	中。							
							育，兼殿中侍御史。			
		仁。		坦，司勋员外郎。						
融字循业，后魏定州别驾。	鸿翻，本郡功曹。	祖仁。			叔献，藤州刺史。					
		祖侠。	侍诏，殿中侍御史。	玄范。		密，富州刺史。				
				玄奘。	有信。	齐颜，工部比部郎中、秘				

							书少监。				
					玄景。		泾。				
							浩，赞善大夫。				
					玄颐，虞部郎中。						
		凤举。						泽，洛阳尉。			
	约。			智辨，丰、洮等州都督。							

崔氏定著十房：一曰郑州，二曰鄢陵，三曰南祖，四曰清河大房，五曰清河小房，六曰清河青州房，七曰博陵安平房，八曰博陵大房，九曰博陵第二房，十曰博陵第三房。宰相二十三人。郑州崔氏有元综；鄢陵有知温；南祖有昭纬、慎由、胤、察、神基；清河大房有龟从，小房有彦昭、群、郸；青州房有圆；安平房有仁师、湜；博陵大房有玄暐、损、铉、元式，第二房有珙、远、祐甫、植，第三房有日用。

于氏出自姬姓。周武王第二子邘叔，子孙以国为氏，其后去“邑”为于氏。其后自东海郯县随拓拔邻徙代，改为万纽于氏。后魏孝文时复为于氏。外都大官新安公栗磾生侍中、尚书令洛拔，洛拔六子：烈、敦、果、劲、洎、天恩。天恩，内行长、辽西太守，生太中大夫仁。仁生高平郡都将子安。子安生 陇西郡守建平郡公子提。子提生谨，字思敬，从西魏孝武帝入关，遂为京兆长安人，仕后周，太师、燕文公，九子：实、翼、义、智、绍、弼、简、礼、广。

实字宾实后周司空、燕安公，号兰陵院。	颢字元武，隋黔州总管。	世虔。	俭，左屯卫将军。								
		哲，亳州刺史。									
	仲文字次武，隋右翊卫大将军、延寿公。	钦明，彭州刺史。	敏同，中书舍人。	经野，户部侍郎。							

			敏直，相州刺史。	光运，滁州刺史。							
	恽。		敬之，复州刺史。								
	象贤，隋骠骑大将军、黔昌定公。	德基。	素，仓部员外郎。								
		德威，郫令。	玄范，显武令。	汪，秘书监。	公胄。	颙					
						颀。					
					庭顺。						
					庭诲。	颙，天兴令。	畛，长安尉。				
					庭谓。	颀，工部尚	申，屯田员外				

						书。	郎。				
							广。				
							翚，岳州录事参军。				
						颖。					
						颋，太原府司录参军。	当，吉州刺史。				
						颐，监察御史。					
					复字叔遐，泗州	颀，户部侍					

					司马。	郎、判度支。					
						顶，长安令。	明，孟令。				
							敬言，右龙武兵曹参军。				
							兴宗，河南少尹。				
							温，河南丞。				
						𬱟字允元，相	正方，太原府				

						宪宗。	少尹。				
							敏，太常丞。				
							季友，绛、宋等州刺史、驸马都尉。	晦象州刺史。	容，杨州录事参军。		
									恪，龚州刺史。		
									蕴，高邮令。		
									荛，六		

									合令。		
									彦珣，湖城令。		
									湜，灵武节度推官、虞部郎中。		
								系，司农少卿、知太仓给纳。	周，云阳令、大理评事。	因	
									思让。		

									思谦，静难军营田判官、检校右散骑常侍。	绍。	
										超。	
								慎思，壁州刺史。			
								懿孙，河西令。			
								盾，荥			

								州刺史。			
						颎，洋州司户参军。					
						冀。	贞。	濆字子漪，泗州判官。			
					可封，国子司业。						
			敬同。	安仁，江州刺史。							
		德行，恒州刺史。	玄彻，沧州刺史。								

			思言，大府卿。								
		德方，越州刺史，黔昌男。									
翼字文若，玺字伯符，志本。 隋太尉、任江陵总管， 穆公，号永黎阳静公。 宁院。											
			元嗣，金吾将军。								
	诠，吏部下大夫、常山公。			瑾，驾部郎中。							
	筠，太仆				抱诚，成部字德汝锡字						

	卿。				州刺史。	门，礼部侍郎。	元福。				
							尹躬，中书舍人。				
							䜣字弘道。				
							诚字荐之。				
							皋谟，户部郎中。				
							人文。	德孙字承休，			

								吏部侍郎。			
								德材，泾原支使。			
								德晦，同州刺史。	圻，京兆府司录参军。		
						郢，卫尉少卿。	寮师。				
							雍来。				
义字慈恭，隋潼州总	宣道字元明，隋上仪	永宁，商州刺史。	遂古，隰州刺史。								

管、建平刚公。	同、威安献公。										
	宣敏字仲达，隋奉车都尉。	志宁字仲谧，以宣道子继，相太宗、高宗。	立政字匡时，太仆少卿、虢州刺史。	游艺，江都令，袭公。	伯献，凉州都督。						
				知微字辩机，兖州都督、东海郡公。	克勤，密州别驾、东海郡公。						
					克构，左监门率府长史、武阳县男。						

					克懋，华州司户参军。						
				光远，通、陵二州刺史。							
				大猷字徽本，明堂令。							
			慎言。	安贞，吴兴令。	仙鼎，沁州刺史。						
					默成，沛令。	嘉祥。					
						休徵。					
						休烈，	益，谏				

						工部尚书、东海元公。	议大夫。				
							肃，给事中。	敖安蹈中，户部侍郎。	球。	棁字拱臣。	
									珪字子光。	兢字德源。	
									环字匡德。		
									琄，平卢节度使。		

									琮字礼用，相懿宗。		
		保宁。	承范，平州刺史。								
			承庆。			结，谏议大夫。					

于氏宰相三人。頔、志宁、琮。

唐书卷七三上

表第一三上

宰相世系三上

柳氏出自姬姓。鲁孝公子夷伯展孙无骇生禽，字季，为鲁士师，谥曰惠，食 采于柳下，遂姓柳氏。楚灭鲁，仕楚。秦 并天下，柳氏迁于河东。秦末，柳下惠裔孙安，始居解县。安孙隗，汉齐相。六世孙丰，后汉光禄勋。六世孙轨，晋吏部尚书。生景猷，晋侍中，二子：耆、纯。耆，太守，号“西眷”。耆二子：恭、璩。恭，后魏河东郡守，南徙汝、颍，遂仕江表。曾孙缉，宋州别驾、宋安郡守。生僧习，与豫州刺史裴叔业据州归于后魏，为扬州大中正、尚书右丞、方舆公。五子：鷟、庆、虯、桧、鷟。

鷟，后魏临淮王记室。	带韦字孝孙，后周黄	祚，隋司勋侍郎。	震，郓州刺史。	俊，棣州刺史。							

	门侍郎、康城恺公。										
			范，尚书右丞。	齐物，睦州刺史。	喜。	贲。					
						并字伯存，殿中侍御史。	道伦。				
						淡字中庸，洪府户曹参军。					
						中行。					
						宷。	翰字周臣。				
							陟字尧				

							卿。				
			干，工部员外郎。	恽。		弈，升州刺史。					
				儒，户部侍郎。		翊，膳部员外郎。					
		续，仪曹郎中。									
庆字更兴，后魏侍中、左仆射平齐景公。	机字匡时，隋纳言、建安简公。	述字业隆，隋兵部尚书、参知机务。									
		逖，职方郎中。	胤，陇州刺史。			叔璘，端州刺史。	应规，兼殿中侍御史。				
					光庭，祠						

					部员外郎。						
					充庭，蓟州都督。						
			莽。								
		逵，考功郎中。									
		逞，礼部郎中。									
	旦字匡德，隋黄门侍郎、新城男。	燮，都官郎中。	子房，户部侍郎。								
			子宝。								
		则，隋左卫	奭字子燕，	知人，水部		无恭，潭					

		骑曹参军。	相高宗。	郎中。		州刺史。					
				爽。	嘉泰字元亨，右武卫将军。	祐良。					
				产，膳部员外郎。							
		绰，膳部员外郎。									
		楷，济、房、兰、廓四州刺史	融。		元寂，主客员外郎。	少安，抚州刺史。					
			子敬。	约，房州刺史。							

				绛，夏令。	遗爱，太子司议郎。	开，侍御史。	宽字存谅，荆南永安军判官。				
			子夏，徐州长史。								
				从心。	回。						
					因。						
					固。						
				从裕，清池令。	某，临邛令。	某，旌德令。					
					察躬，德清令。	镇，侍御史。	宗元字子厚，柳州刺史。	告字用益。			
						某，朔方					

						营田副使、殿中侍御史。					
							缥、华阴主簿。				
						综。					
						续。					
		亨，岐州刺史、太常卿、寿陵侯。	子阳。	诚言，冀州司马。	涣，中书舍人。						
					泽，太子右庶子、华州刺史。						

			子贡。		良器，冀州刺史。						
	肃字匡仁，隋工部郎中。	大隐，台州刺史。									
虬字仲盘，后周中书侍郎、美阳孝公。	鸿渐。				晖，宁州刺史。						
	蔡年，后周顺州刺史。	謇之字公正，隋黄门侍郎。	威明，吏部郎中。								
			慈明，职方郎中。		弼，贝州刺史。						
					懿，辰州			立。			

					都督。						
			然明，施州刺史。								
		谔之。	保隆，膳部郎中。								
		颍之，屯田员外郎。		存业，肃州刺史。	栖，妫州刺史。						
		挺之，中书舍人。									
	止戈，后周洛州刺史。			憬，海州长史。	璇，伊阳丞。						
				惇，资阳令。	初，延州司马。	颐，宁国丞。	元方，万年丞。	弘礼。			
								传礼。			
								好礼。			

						建，金部郎中。					
	待价。		言思，祠部郎中。								
			虬裔孙彦昭，太子文学。	芳字仲敷，右司郎中、集贤学士。	登字成伯，大理少卿。	璟字德辉，郴州刺史。	韬字藏用。				
						环，邵州长史。	祺字玄裕。				
					冕字敬叔，福建观察使。						
桧。	雄亮。	赞，都官郎中。			郑卿，咸安太守。						

晋太常卿、平阳太守纯六世孙懿，后魏车骑大将军、汾州刺史。生敏，字白泽，隋上大将军、武德郡公。从祖弟道茂。

道茂。	孝斌。	客尼。	明伟，义川令。	正巳。		甫。					
				正礼，邠州司户参军。	子华，检校金部郎中。	公度，光禄少卿。	说字匡言。				
						器。	希颜。	珮字辉长。			
							仲遵。	璨字昭之，相昭宗。			
								瑀。			
								瑊。			
					子温，丹	公绰字	仲郢字	璞字韬			

					州刺史。	宽，兵部尚书，谥曰元。	谕蒙，天平节度使。	玉，著作郎。			
								珪字郊玄，一字镇方，卫尉少卿。			
								璧字宝玉，右谏议大夫。	怀素字知白。		
								玭，御史大夫。			
						公权字诚县，太子太保。	仲宪。	瑗字虚中。			

						公谅，南郑令。					
					子金，南郑令。						
					子平。						
			明亮。			惟则，检校员外郎。					
		五臣，水部郎中。	明谌，和州刺史。	正元，大理评事。							
		宝积，职方员外郎。	明逸，刑部员外郎。								
			明肃，度支郎中。								

平阳太守纯生卓，晋永嘉 中自本郡迁于襄阳，官至汝南太守，四子：辅、恬、杰、奋，号“东眷”。

辅。	平。		敬起。	昶。		诜。	果仁。				
							崇礼，房州刺史。	固节。			
								仲矩。			
				粹。						季华。	
恬，西凉太守。	凭，冯翊太守。	叔宗字双麟，宋建威参军。	世隆字彦绪，南齐尚书令、贞阳忠武公。	惔字文通，梁左仆射、曲江穆侯。	昞。	裘，隋大将军。				愖，右金吾将军。	
					晖，梁吏部尚书。	顾言，隋秘书监、汉南公。	逊。	尚真，司门员外郎。	思让，巴州刺史。		
									俭，兵部		

									员外郎。		
					映。	奭。	善才，荆王侍读。	尚素，江宁令。	庆休，渤海丞。	识字方明，屯田郎中、集贤殿学士。	
										浑字德载，相德宗。	
		叔珍，义阳内史。	庆远字文和，梁侍中、云杜忠惠侯。	津字元举，左民部尚书。	仲礼，司州刺史、西魏侍中。	玄。		行满，给事中。			
					彧，隋持书御史。	绍，左庶子。			晦，文州刺史。		

										如芝，衡州刺史。	
			季远，梁中书侍郎、宜都太守。	逷字子升，后周霍州刺史。	庄，隋黄门侍郎。	庆孙。	楚贤，光禄少卿、杭州刺史。	温。			
								洽。		升，长安令。	元。
											辅。
											应。
								冲，太子宾客、平阳公。			
杰。		双虬。	元章。	景宾。				秀诚，扬州长史。			

				景鸿。	俭。						
			仲仁。				崇贞，太原令。				
							季贞。	贲，长安令。			
			季和。	赞，翼州刺史。							
奋。						贞望，江州刺史。					

柳氏宰相三人。爽、璨、浑。

韩氏出自姬姓。晋穆侯费少子曲沃桓叔成师生武子万，食采韩原，生定伯，定伯生子舆，子舆生献子厥，从封，遂为韩氏。十五世孙襄王仓，为秦所灭。少子虮虱，生信，汉封韩王。生弓高侯隤当。隤当生孺。孺生案道侯说。说生长君。长君生龙额侯增。增生河南尹骞，避王莽乱，居赭阳。九世孙河东太守术，生河东太守纯。纯生魏司徒甫乡恭侯暨。六世孙延之，字显宗，后魏鲁阳侯。孙瓌，平凉太守、安定公。生恒州刺史演。演生褒。

褒字弘业，后周少保、三水贞伯。	绍字继伯。											
	仲良，户部尚书、颍川公。		某，郢州刺史。	某，著作郎。	某，万州刺史。	慎，温主簿。						
						丰字茂实。						
						泰字安平，祠部郎中。						
		瑗字伯玉，相高	纯臣。									

		宗。									
				琪。							
					澄，汲郡太守。	炅。		俭。	琦，左监门大将军。	滑，蜀州刺史。	
									祐。	溱，左补阙。	憬，亳州刺史。
											协，驾部郎中。
	逊。										
	滂。	同庆，司勋郎中。									

弓高侯隤当裔孙寻，后汉陇西太守，世居颍川，生司空棱，字伯师，其后徙安定武安。后魏有常山太守、武安成侯耆，字黄耇，徙居九门。生茂，字元兴，尚书令、征南大将军、安定桓王。二子：备、均。均字天

德，定州刺史、安定康公。生晙，雅州都督。生仁泰。

仁泰，曹州司马。	睿素，桂州长史。	晋卿，同州司法参军。									
		季卿，义王府胄曹参军。									
		子卿，陕府功曹参军。									
		仲卿，秘书郎。	会，起居舍人。								
			介，率府参军。	百川。							
				老成。	湘字北渚，大理						

					丞。						
					滂，宝鸡丞。						
			愈字退之，吏部侍郎，谥曰文。	昶。	绾字持之。						
					衮字献之。						
				州仇，富平令。							
		云卿，礼部郎中。	俞，开封令。	无竞，河南参军。							
				启余，润州司功参军。							
				州来，唐兴							

				令。							
		绅卿，京兆府司录参军。	岌，虢州司户参军。	家。							
		升卿，易州司法参军。									

河东太守纯四世孙安之，晋员外郎，二子：潜、恬。恬，玄菟太守，二子：都、偃。偃，临江令，生后魏从事郎中颖。颖生播，字远游，徙昌黎棘城。二子：励、绍。绍字延宗，扬州别驾。二子：弈、胄。

胄字弘胤，北齐胶州刺史。	护字灵祐，后周商州刺史、洪雅公。	贤字思齐，隋邓州刺史，袭黄台公。	符字节信，巫州刺史。	大寿，吏部郎中。	归仁，上党令。	曜。	询。				

	公。										
						延庆。	谌，朝邑令。				
							鍊。				
					偎，获嘉主簿。	光期。	钺，宋城令。				
							锋，武功尉。	纾。	朴。		
									延范。		
							华，卫尉少卿。	署。	师鲁。		
								君祐，涪州刺史。	道纪。		
							镇，蓝田令。	纁，三水令。	騄，大理评事。		

				大智字不惑，洛州司户参军。	偲，秘书郎。	滔，辅唐令。	晕，丹杨令。				
							阜，长水丞。				
							举，殿中侍御史。	寮，秋浦令。	郾。		
									鄂。		
									都。		
									邢。		
									邲。		
								居厚。	镡，殿中侍御史。		
									鄏。		
									郜。		

								寓。	郇。		
								容。	捧。		
								审。	邻。		
									严。		
					休字良士，相玄宗。	浩，高陵尉。					
						洽，监察御史。					
						洪，邢州长史。	章，兵部侍郎。	挹，太原少尹。	居实，南郑丞。		
									钏，磁州录事参军。		
								晟，左散	居业。		

			骑常侍。								
			掖，润州司仓参军。								
			抠，扬子尉。								
			操，灵宝尉。								
				宰。							
				平。							
				牟。							
				巩。							
				莘。							
					浣，郊社丞。						

						汯，谏议大夫。	卓，殿中丞。	淮，洛阳令。	淮，咸阳令。	超。	
										濡。	
									铼。	起。	
									铢。	越。	
								鼎。			
						滉字太冲，相德宗。	群，礼部员外郎。	察，明州刺史。	谏师。		
								宥，卫尉卿。			
								宽，右金吾兵曹参军。			
							皋字仲	充，舒王			

							闻，尚书左仆射。	府录事参军。			
								衮。	绍，京兆文学。		
									玫，成都少尹。	讽。	
						洵，京兆府录事参军。					
						浑，太常少卿。	述，都官郎中、阆州刺史。	复，洋州刺史。	钧，左司员外郎。		
									铸字台臣，检校兵部尚	环，太子司议郎。	

		书。									
	瓌，穰令。										
士通，原州司户参军。	弼。										
士约，大理评事。											
	玹。										
			解，太子中允。								
		穀，流溪令。	益，金部员外郎。								
		巘。	孚，兴元少尹。								

							武，右拾遗。	抗，真源尉。	遠。	枳。	缮。
											侣。
									梲。	坤。	
									橹。		
								巽。	杞。		
									友信。		
									绚。		
								揆，河南丞。			
						洄字幼来，兵部侍郎。	晔，司封郎中。	宾，亳州刺史。	造。		
									鄘字正封，遂州	饰。	

		刺史。									
		颍。									
		郁。									
		据。	宁。								
			密。	常，岳州刺史。							
			抗，吴令。								
			謇。	彝。							
			最。	弈，泾阳尉。							
			蹇。	平，兴平令。							
			操。	中，归州刺史。							

					倩，殿中丞。	演，和州刺史。					
						混，率府录事参军。					
						涤，河南兵曹参军。	承训，洛阳令。	乂，定远令。	庶。	锎。	
									锷。	峤。	
							承徽。	宗简。			
								玄亮，中牟尉。			
								玄著。			
								宗古，萧令。			

								筹，右谏议大夫。	邠，苏州刺史。		
								范。			
								翥。			
						湜，真源丞。	肇，宣城尉。	藩。			
								楷，海陵尉。			
				大敏。	份，著作郎。						
					佺，虞城尉。						

南乡恭侯暨子孙其后徙阳夏。

望。	垂。	弘，相宪宗。	肃元。								
			公武字从偃，右骁卫上将军。	继之。							
				继宗。							
		充，检校司徒、宣武节度使，谥曰肃。									

韩氏宰相四人。瑗、休、滉、弘。

来氏出自子姓。商之支孙食采于郲，因以为氏，其后避难去“邑”。秦末徙新野。汉有光禄大夫来汉，从杨仆击南越。孙仲，谏议大夫。生歙，字君叔，中郎将。生棱。棱生历，为执金吾。生定，中郎将。孙艳，司空。生敏，字敬达，蜀执慎将军。七世孙崱，始徙江都。

崱。	绘。	护儿，隋左翊卫大将军、荣国公。	恒，相高宗。	景业，虞部郎中。							
			济，相高宗。	敬业，润州刺史。							
				庆远，中书舍人。							

来氏宰相二人。济、恒。

许氏出自姜姓。炎帝裔孙伯夷之后，周武王封其裔孙文叔于许，后以为太岳之嗣，至元公结为楚所灭，子孙分散，以国为氏。自容城徙冀州高阳北新城都乡乐善里。秦末有许猗，隐居不仕。曾孙毗，汉侍中、太常。生德，字伯饶，安定、汝南太守，因居平舆，四子：据、政、邈、劲。据，大司农。生允，字士崇，魏中领军、镇北将军。三子：殷、动、猛。允孙式，式二子：畈、迈。畈字仲仁，晋司徒掾，四子：茂、询、嶷、雅。询字玄度，四子：元之、仲之、季之、珪。珪，宋给事、著作郎、桂阳太守。生勇慧，齐太子家令、冗从仆射、晋陵县侯。二子：懋、胤。懋，梁天门太守、中庶子，生亨。德次子政，字义先，别居邵陵。

亨，陈卫尉卿。	善心，隋黄门侍郎。	敬宗字延族，相高宗。	昂，虔化令。	彦伯，太子舍人。	望，右羽林将军。	远，侍御史、睢阳太守。	岘，袁州刺史。				
				韶伯，右屯卫将军、平恩公。							
			昱。								
			昪，明堂令。								
			杲，恭陵令。								
			景，工部郎中、判右羽林大将军。								

安陆许氏出自询五世孙君明，梁楚州刺史，生弘周。

弘周，楚州刺史。	法光，后周岳州刺史。	绍，峡州刺史。	善，隋宣城郡主簿。	力士，洛州长史。	钦寂，夔州刺史。	辅乾，右金吾大将军。	谏，河南丞。				
							论，监察御史。				
							诜，归州刺史。				
							讽，监察御史。				
						辅德，宕州刺史。					
					钦明，梁州都督、	诚惑，鸿庐少卿。	子房。				

					安西大都护。						
							季常，万年丞。				
							子端，岳州刺史。				
						诚言，太仆卿、右卫大将军。	子余，寿州刺史。				
					钦淡，深州刺史、光禄卿。	叔冀，滑汴节度使。	孝常，亳州刺史。				
							仲容，邓州刺史。	志伦。			

								志雍，兼监察御史。			
			伯裔。								
			智仁，右屯卫将军、许昌公。								
			圉师，相高宗。	自牧。							
				自遂。							
				自正，泽州刺史。							

许氏宰相二人。敬宗、圉师。

辛氏出自姒姓。夏后启封支子于莘，“莘”“辛”声相近，遂为辛氏。周太史辛甲为文王臣，封于长子。秦有将军辛腾，家于中山苦陉。曾孙蒲，汉初以豪族徙陇西狄道。曾孙柔，字长汎，光禄大夫、右扶风都尉、冯翊太守。四子：临、众、武贤、登翁。武贤，破羌将军。生庆忌，左将军、光禄大夫、常乐公。生子产，豫章太守。曾孙茂，后汉成义将军、酒泉太守、侍中，三子：绒、述、孟孙。孟孙生长水校尉伯真。伯真二子：孟兴、叔兴。孟兴二子：恩、殷。恩生子焉。子焉三子：寅、裕、胥。

寅。			寅，四世孙猷。颜。		猷孙巨明，后魏侍中。	显宗，冯翊郡守。	元忠，青州郡守。平阳伯。	迪，隋龙州刺史。	德本，黄州刺史。平桑公。		
							庆之字余庆，西魏秘书监。	加陵，后周主寝上士。			
										道源，监察御史。	思礼，邵州刺史。
							珍之，后	懑，北齐		文粲，凤	

							魏北海太守，谥曰恭。	都官尚书。		州刺史。	
							豁字仲略。	昂字进君，后周潼州总管、繁昌公。			
								政。	肇。	茂将，相高宗。	希业，驾部郎中。
								宽。	谞，中书舍人。		
裕。	裕五世孙晃。	敬宗。	树宝。	琛字僧贵，后魏南梁太守。	术字怀哲，北齐吏部尚	衡卿，太常丞。	郁，礼部侍郎。				

					书。						
			灵宝。	徽，后魏徐州刺史。	季庆，青州刺史。	公义，隋司隶大夫。	亮，侍御史。				
		阐。			宝刚。	兴。	澄。	玄庆。	怡谏，寿州刺史。		
								玄同，户部员外郎。			
							良，礼部侍郎。	玄道，比部郎中。	广嗣，礼部侍郎。	恒。	
										晋。	
									长儒，都官郎中。	咸。	
						暠。			利涉，度		

									支员外郎。		

辛氏宰相一人。茂将。

任姓出自黄帝少子禹阳，受封于任，因以为姓。十二世孙奚仲，为夏车正，更封于薛。又十二世孙仲虺，为汤左相。太戊时有臣扈，武丁时有祖己，皆徙国于邳。祖己七世孙成侯，又迁于挚，亦谓之挚国。汉有御史大夫广阿侯任敖，世居于沛，其后徙居渭南。

雅相，相高宗。			鹏，陵州刺史。	迪简，易定节度使。	宪字亚司。						

任氏宰相一人。雅相。

卢氏出自姜姓。齐文公子高，高孙傒为齐正卿，谥曰敬仲，食采于卢，济北卢县是也，其后因以为氏。田和篡齐，卢氏散居燕、秦之间。秦有博士敖，子孙家于涿水之上，遂为范阳涿人。裔孙植，字子干，汉北中郎将。生毓，字子象，魏司空、容城成侯。三子：钦、简、珽。钦，晋尚书仆射。珽字子笏，晋侍中尚书、广燕穆子。三子：浮、皓、志。志字子道，晋中书监、卫尉卿。三子：谌、谧、诜。谌字子谅，晋侍中、中书监。五子：勖、凝、融、偃、徵。勖居巷南，号“南祖”。偃居北，号“北祖”。偃仕慕容氏，营丘太守。二子：邈、阐。邈，范阳太守。生玄，字子真，后魏中书侍郎、固安宣侯。二子：巡、度世。度世字子迁，青州刺史固安惠侯。四子：阳乌、敏、昶、尚之，号“四房卢氏”。

阳乌字伯源，后魏秘书监、固安懿侯，号大房。	道将字祖业，燕郡太守、固安献侯。	怀祖，太学博士。	庄，后周都水使者。	耀，沧州司功参军。	循，襄阳尉。						
		怀仁字子友，后魏弘农太守。	彦卿，石门令、东宫学士。	大道，荆州刺史。	元福，秘书少监。						

					元珪，当涂令。	湛。					
						澹。					
						澈，丰令。	岳，上洛郡司马。	仲弼。			
							屈，卫尉卿。				
							岩，荥阳尉。				
							峦，明经直太常。				
							岊。				
					璨，秘书少监、固安侯。	震，兖州参军。					

						涑，右金吾将军。	隗。				
							嶷，郢州刺史。				
							山甫。				
					慎思，和州刺史。	谕，黄州长史。	长宗，大理评事。	周谅。			
							仲宗，扬州参军。				
						诜，武安尉。					
					愔。						
				安石，曹州司马。	师老，司门郎中。	昭。	修，怀州司兵参军。				

					师丘，金部郎中、怀州刺史。	暕，泗州刺史。					
						晖，魏州刺史。	向。	彧。			
								端。			
								泰。			
					师庄，司议郎。	晙。	汪。				
				大观。	师昉。	宗谦。					
				行嘉，青州录事参军。	知远。	守宾。					
					知顺，太谷丞。						

				方寿。	思敬。	令涓，沂州司马。					
					思顺。	瞌，凉王府司马。	元寓。	震。			
							迅，殿中侍御史。				
			彦章，武疆令。	庄道，刑部员外郎。	玉昆，桐庐令。		游，司勋郎中、河南少尹。	巩。			
								单。			
						敷，冤句令。					
						颀，谯令。	戢，开封尉。				

					金友，水部员外郎、滁州刺史。	劝。					
					伯成，万年丞。	协，汾州司录参军。					
						雅，封丘令。	旻。				
							晕。				
							炅，大理主簿。	计，扬州兵曹参军。	锐，平陆尉。		
									鉥，大理评事。		

									钢，睦州刺史。	珪字子美。	
									钧字子和，太子太师。	邺字漳臣，秘书省校书郎。	肃字子庄。
									锴，左庶子。		
									庚，检校比部郎中		
								群。			
			彦高，万年长。	佺寿，太常丞。	维惠，许州司兵参军。						

				仙寿，雍丘令。	友洪，黎阳令。	秀，清河令。					
						霸，司封郎中、将作少监。					
					友憺，黎阳令。	融，长水令。	万，隰州刺史。				
					友季，太原府士曹参军。						
				侨寿。	法智。						
				弘寿，卫州司马。	友坦。		浑。				
					友裕，信都主簿。	相，高邮令。	甫。				

							岘，丹杨丞。					
						构，济州刺史。	和。					
							华。	士瞻，大理少卿。				
							衍。					
							启。					
						播，户部郎中。	居易。	资实。				
							用晦。					
							藏密。					
							将明。					
							宽中。					
							处厚。					

							椿。				
							将顺。				
						抗。	峤。				
					子鄘。	光臣。					
					遗福。	举。	长庆。				
					友挹。	服，晋阳论令。					
							翊。	绍。			
								渥。			
							峰，河内尉。				
			璬，沂州录事参军。	某，襄阳令。	居简，金吾兵曹参军。						
					行简，大						

					理主簿。						
					可乂。						
	道亮字思演。仲业。				朗，润、青等州刺史。	广微，婺州刺史。		幼卿，亳州刺史。			
						广明。					
						广敬，汝阳令。	含光，鄚丞。	玄卿字子真，检校左威卫上将军、蓟国公。	居贞，左神武军胄曹参军。		
									居简。		
									居易。		
									居中。		

									居道。		
						广济，和州刺史。					
		思道字子行，隋武阳太守。	赤松，太子率更令、范阳郡公。	承庆字子余，相高宗。	谞，吏部郎中。	郧，滁州刺史。					
						垣。	幼临，刑部郎中。				
				承思。	休期。	日新，商州刺史。	建，常州刺史。				
				承悌。	纲，城门郎。	侑，太原尉。					
					暄。	沄，杭州刺史。					
						幼平，太	赏，邵州	弘宗。	峻字子		

						子宾客。	刺史。		翰。		
				承基，主客郎中。	元庄，嘉州刺史。	知远，资州刺史。	巽。				
							孚。				
						明远，太原少尹。					
						徽远，润州刺史。					
				承业，雍扬二州长史、魏县简子。							
				承泰字齐卿，太子詹事、广阳郡公。		成务，寿、杭、濮、洛魏五州					

						刺史。					
						成轨。	佋，御史中丞。				
							倕，衡州刺史。				
							侃，户部郎中。				
						成麟。	俶，赵州刺史。				
				承礼，湖州司马。	暾，魏州长史。	微明，洋州刺史。					
						藏用字子潜，黔州长史。					
						若虚，起					

						居舍人。					
						重玄，司勋郎中。					
				承福，考功郎中。	瑶。	伯初，太原少尹。		知退。	准字昭俭。		
								知晦。	导字熙化。		
					玢，贝、绛二州刺史。	全操，房州刺史。					
						全义，临汝太守。					
						全诚，饶阳太守。					
						全寿，金					

						吾将军。					
						全慎。	绛。				
							绘。				
							缔。				
							维。				
	道虔字庆祖，后魏幽州刺史，谥曰文恭。	昌衡，隋太子左庶子。	宝素，隋泽州内部长、晋州别驾。	安寿，绵州长史。	正纪，汝州司马。	伉，闻喜令。	峤，永州司马。				
								嘉猷。			
							岳字周翰，陕虢	载。			

							观察使。				
								戣。			
								戡。			
					正勤。	侹，临清令。	汶，监察御史。	士珏。		占。	
									弘宣字子章，太子少傅、固安县伯。	告字子有，左补阙。	朋龟字子益。
										含。	
										更牢。	
					同休。						
					正道，鄂州刺史。						

				安志，万年丞。	游道。	肃诚。	传礼，均州刺史。				
						绚，太子詹事。	炽。				
							镇。	鸿应。	耕字子成。		
					正义。	缅。	澜。				
							溥。				
						景明，陕州司马。	[氵戏]。				
							泽，兼殿中侍御史。				
					正言，左监门卫	晀字日旦，深州	浚，西华主簿。				

					将军，谥司马。 曰光。						
							炅，大理主簿。				
							说，汝阳主簿。				
							溉，新卿尉。				
							瀜，祠部郎中。	士理，汉州刺史。			
								士琼字孺方。 德卿，河南府司录参军。			
									嗣宗。		

									嗣业。		
								士瑛，岳州刺史。	处约。	震字子威。	
								士玟，太子宾客。			
								士玙。	俦。	绛字子华。	
							清，萍乡主簿。	士牟，和州刺史。			
						执颜，户部员外郎。					
						践微。					
						先之。	沐。				
							湘。				

				潘字子浚。							
				洋。							
				洮。							
				沛。							
				浚，西华尉。							
		罕字子让。	士珙。	汶。							
				湛。	光懿。	正容，润州司户参军。					
				渚。							
					光烈。						
					光远。						

						光裕。					
						光宗。	澥，兼殿中侍御史。				
			宝胤，博州刺史。	元亮，宋州司功参军。							
				元规。	逖。	固然。					
					逸，给事中、荆府长史。	奥。					
				元德，义清令。	庭光。	广全。					
				元贞。	怡，中书舍人、御史中丞。	应，大理评事。	裔，检校工部郎中。				

	道舒字幼。安，后魏中书侍郎，袭固安县爵。	熙裕。	士纶。		同吉。	元亨。	庭言。	晶。			
									恒，殿中侍御史。		
							庭昌，歙州刺史。				
							魏客。	谓，遂州刺史。			
							庭芳。				
						利贞。	子真。	炅。	群字戴		

									初，义成节度使。		
						叔慈。		谞，峡州刺史。			
						元茂。	韫价，长安簿。	祚，偃师尉。			
								抃。			
								校，衢州参军。			
							远价。	颜。			
			士绰。								
			士缉。								
			士绎。				昱，检校工部郎中。				

			士绘。	嘉庆。	重明，亳州刺史。	令章，屯田员外郎。	仪，安陆丞。					
					见义，魏郡太守。							
					见象，石州刺史。							
				方庆。	受彩。		国淳。					
					昭彩。	袭乂，给事中。	国佐，睦州刺史。					
							国英。					
敏字仲通，后魏议郎、谥	义僖字远庆，都官尚书，谥	愁之，太尉记室参军。	文构。	君肃。								

曰靖，号第二房。	曰孝简。										
			处实。	守直，兴州刺史。							
				升，福州刺史。	峻。	给。					
					乾。						
				旻。	放。						
				景，同官尉。	诜。						
			君胤，忠州刺史。	幼孙，常州刺史。	献，鸾台侍郎。	翔。	甚字去甚。				
						翊，鄂州刺史。	昂，沣州刺史。	长。			

									广，河南尉。	商字为臣，相宣宗。	知远。
											知微。
											知宗。
											僧朗。
											荛字待问，生协字熙绩，兵部员外郎。
							盛，恒州刺史。				
							令。	辅国。	敦礼。		
							员。	暹。			

							翘，兵部郎中、广陵长史。	进贤。			
								进宝。			
								晔。			
								晙。			
								晊，殿中侍御史。	逢，户部郎中。	听。	
										悫。	
										懿。	蕴字积中。
											著字弘中。
											庄字敬中，生

											鼎、擢。鼎字调臣，起居舍人，与起居郎苏楷、罗衮请改昭宗谥曰襄。
											荷字秉中。
						瑀，给事中、国子祭酒。	良。				
								复，夔州词。		渥字子	膺字公

								刺史。		章，检校司徒。	礼，刑部侍郎。
											赓字昌舜。
										绍字子美，太子少保。	庥字垂礼。
											麟字垂祯。
										沼字明源。	
										沆字德远。	
						操。	寰。	政，检校郎中。	瑗，歙州刺史。		

									珣。		
									瑾，河中少尹。		
									璠。		
									顼，泽州刺史。	戎。	蔚字刚中。
									玠。		
									珙。		
				君亮，冤句令。							
			文寿。				铉，祠部郎中。				
			文揖。	君胄。	贞枍。	履冰，右补阙。	元裕。				
							正己。	刑翰，相德			

							部尚书。	宗。			
				君静。	万石，司农卿、昌平公。	昭，峡州刺史。					
						暄，太原少尹。	瑗。				
							珽，常州刺史。				
		憨之，后魏散骑常侍。	彪。	慈龙，济源令。	同德，乐寿令。	勤国，渭南令。					
						勤敬，桃林令。	守悌。				
						勤礼。	抱素。				
						勤嘉，青州别驾。	克周。				

							克明，高阳令。	洽。			
								润。			
								沼，芮城令。	迈字子玄，相德宗。		
								洵。			
								汗。			
								清。			
								澶，殿中侍御史。			
			德衡。								
		息之，后魏开府参军。	彦博，雍州参军。								
	义惇。	景开。	仲俊。	之道，太子							

				舍人。							
				之信，洛州司功参军。	瑾。						
					璟。	思殷，渭州司仓参军。	全济，封丘丞。				
					元哲，金州刺史。						
					珙。						
							贞谅，刑部侍郎。				
			叔粲。								
		景柔，兰陵太守、南州刺史。	元干。				贻，河南府法曹参军。	于陵。	义。		

								浑。	元中。	嗣立字子复。	
			海相，泾令。	彦恭，伊阙令。	昭度，监察御史。	询，晋州司马。					
										则，监察御史。	
					昭礼，渭州长史。	伯超。	端。				
				彦伦，盩厔令。	昭亮，任城簿。			仙宗，兼监察御史。			
					昭道，比部员外郎。		滔。				
							演。				

								侣，检校郎中。			
			楚玉。				秦卿，秦州刺史。	裔。	玄晖字子余。		
	义安。				虚舟，秘书少监。	褒。					
昶字叔达，后魏镇西将军，谥曰穆，号第三房。	元隆。	士熙，北齐彭城太守。	子令。	君通。	圆公。	仁祖，相州录事参军。	不器，刑部郎中。	豫。	艒。		
								益。			

										式中。	
							不勤，霍山丞。	隋，祁丞。		景亮字长晦，中书舍人。	
				园吏，考功郎中。			㧑谦，合州刺史。	昪。	嘉绩。		
			子哲，灵昌、伏陆二令。			茂伯，度支员外郎。					
				挺，潭州司户参军。	怀慎，相玄宗。	奂，尚书右丞、渔阳县伯。	振，国子主簿。				
							钧，左武卫兵曹参军。				

						弈，御史中丞。	杞字子良，相德宗。	元辅，华州刺史。	顺之字子谟。	晓字子昭。	
							棣。				
					怀庄，驾部郎中。	淑，魏令。					
							会昌，仓部郎中。				
	元德。	士澈，昌乐令、徐州别驾。	胜。								
			仁师。	世表。	弘肃。	廙，商州刺史。	宁。				
						宣，河阴尉。					

							宰，饶阳令。	维，太中大夫。			
					弘怿，汝州刺史。	俌，中书舍人。					
						倬。	洵。				
						僎，汝州长史。					
					弘慎，兵部侍郎。		庇，侍御史。				
					弘赡，陈留令。	密，寿安令。	辞玉。				
							和玉。	涉。			
						震，兖州参军。					
						霁。	临。				

				世矩，梓慎七州刺史、北平元公。	弘轨，道王府参军。	福会，军器监。	歆，当阳令。	仲甫，中牟尉。			
							韶，许昌尉。	仲雍，鄄城令。			
							韺，太子中允。	仲举。			
								仲连。			
			正师，真定主簿。	习信，东阳令。	善观，贵乡丞。						
					善祚，颍州司马。	巨源，原州长史。	揆，义兴丞。				
			彭寿，太常寺奉礼郎。	尚卿。	敬一。	从愿字子龚，刑部尚书。	缵，王屋令。				

							谕，比部员外郎。	晋。			
							允，给事中。				
					敬直，鄠陵主簿。						
				懿卿，少府丞。	敬实，汾西令。	烜。					
			师智，寓其尉。	大辩。							
尚之字季儒，后魏济州刺史，号	文甫字元祐，司空行参军。	敬通，太常博士。	正观，龙丘令。	寿童，当阳令。	茂道，玄武尉。	信，怀州长史。	暐，监察御史。	沇，郢、亳二州刺史。	巩。		

第四房。											
									覃。	从范。	瞻生揆，字敷。
			仙童。	茂实。							
			羽客，卫南丞。			晶。	惟穆。	汶。			
								济。			
								安，仓部郎中、阆州刺史。			
					钊，永宁令。	祥玉，济州司马。	之翰，临黄尉。	纶字允言，检校户部郎中。	简能字子拙，检校司封郎中、凤	知猷字子谟，检校司空。生文度，	

字子澄。	翔节度判官。								
贻殷，光禄少卿。生文涣，字子林。	简辞字子策，山南东道节度使。								
玄禧字子裕，国子博士。									
虔灌字子肃，秘书监。	弘止字子疆，宣武节度使。								
裔修字子修。									

汝弼字子诰，祠部郎中、知制诰。	简求字子臧，河东节度使。										
嗣业字子通，检校礼部郎中。生文纪，字子持，殿中侍御史。											
								正伦。			
							孝道。	正命。			
							文翼字士伟，齐州德基，南安万金。				

仲祐，后魏右将军、范阳子。	司马。	令。								
			万石字万石，监察御史、昌平县侯。	文励，膳部郎中。	伯阳。	同宰，明州刺史。	铤，国子博士。			
							镇。	彻。	躅字子范。	
							镠。			
		义干，永宁令。	真惠。	玄范。						
					崇道，	太鹏。				

						常少卿。					
							鸰。				
				真相，诸城令。	子义，郸主簿。	守节。					
						伯玉。	沔。				
				真行。	大机。			仲长。			
					大藏。	无忌。					
								仁杞。	佐元。	讽。	浔字子黯。
										近思。	拯字勤之。
		士郎，殿中郎。	仁爽。	审经，瑕丘令。	河童，丰令。	岩，河中仓曹参军。					
						岳。	增。				

						嵇。					
						旵。					
						峦。	坦字保衡，剑南东川节度使。	玠，霍丘尉。			
								大琰。			
								大璟，河南府参军。			
								瓒。			
							常师，光禄少卿。				
				审忠。	彦。	镐。					
					仲臻。	铦，延州	禼。				

						刺史。					
			择寿，开府参军。	买臣。							
				辅臣，馆陶令。							
		士婴。	璹。	法德。		玄约。	昊。	肃，石州刺史。			
							序。	御，吉州刺史。			
					彝伦，上蔡令。	子舆，泌阳令。	同，望江令。	东美，考功员外郎。	畅。	专字子专	
										立。	
									申。		
									易。		

			珣，同州参军。	买德。	虔。						
					寿王。						
					医王。	子慎。					
						玄明，均州刺史。					
					药王。						
				孝德。	仁弘，鸡泽令。	元节，果州参军。					
						元休，武德尉。					
						元昉，遂城尉。					
							鼎臣。				
			瑱。								

	文符字叔伟，后魏通直散骑侍郎。	士邃字子淹，中山太守。	正力，屯田郎中。

范阳卢氏又有卢损。

损。	求。		携字子升，相僖宗。	晏字望卿，寿安尉、直弘文馆。

又有卢质。

质。	昼。	光济字子垂。

		光启字子忠，相昭宗。									

卢氏宰相八人。大房有商、承庆；第二房有翰、迈；第三房有怀慎、杞；范阳有携、光启。

唐书卷七三下
表第一三下

宰相世系三下

上官氏出自芈姓。楚王子兰为上官大夫，以族为氏。汉徙大姓以实关中，上官氏徙陇西上邽。汉有右将军安阳侯桀，生安，车骑将军、桑乐侯，以反伏诛。遗腹子期，裔孙胜，蜀太尉。二子：曰茂、曰先。先徙东郡，后徙陕郡。五世孙回。至弘为江都总监，又徙扬州。

回，后周襄城太守。		弘，隋比部郎中、江都总监。	仪字游韶，相高宗。	庭芝，周王府属，天水郡公。							
				庭璋，太子	经野，德						

				仆。	州刺史。						
					经国。						
					经纬。	诏，侍御史。					

上官氏宰相一人。仪。

乐氏出自子姓。宋戴公主公子衎，字乐父，生倾父泽，泽生夷父须，子孙以王父字为氏。须生大司寇乐吕，吕孙喜，喜生司城子罕。裔孙乐羊，为魏文侯将，封于灵寿，其后子孙因家焉。裔孙毅，赵封望诸君。毅孙臣叔，汉封华成君，子孙自赵徙长陵。裔孙亲，后汉本县吏。生恢字伯奇，尚书仆射。生羽林监乾，徙南阳淯阳。孙仁，为武陵太守，生清河太守平。平生散骑常侍方。生广，字彦辅，晋尚书令、信陵公。裔孙恂。

恂，梁西扬州刺史。	亮，后周固道郡守。	宗，青城令。	彦玮字德珪，相高宗。	思顺，白水令。							
				思晦，相武							

				后。							

乐氏宰相二人。彦玮、思晦。

孙氏出自姬姓。卫康叔八世孙武公和生公子惠孙，惠孙生耳，为卫上卿，食采于戚，生武仲乙，以王父字为氏。乙生昭子炎，炎生庄子纥，纥生宣子鳅，鳅生桓子良夫，良夫生文子林父，林父生嘉，世居汲郡。晋有孙登，即其裔也。又有出自芈姓。楚蚡冒生王子芳章，字无钩，生芳叔伯吕臣，孙芳贾伯嬴生芳艾猎，即令尹叔敖，亦为孙氏。又有出自妫姓。齐田完字敬仲，四世孙桓子无宇，无宇二子：恒、书。书字子占，齐大夫，伐莒有功，景公赐姓孙氏，食采于乐安。生凭，字起宗，齐卿。凭生武，字长卿，以田、鲍四族谋为乱，奔吴，为将军。三子：驰、明、敌。明食采于富春，自是世为富春人。明生髌，髌生胜，字国辅，秦将。胜生盖，字光道，汉中守。生知，字万方，封武信君。知生念，字甚然，二子：丰、益。益子玄器，生卿，字伯高，汉侍中。生凭，字景纯，将军。二子：届、询。询字会宗，安定太守。二子：鸾、骐。鸾生爰居，爰居生福，为太原太守，遇赤眉之难，遂居太原中都。太原之族有岚州刺史昉，生存进，安定太守。询次子骐，字士龙，安邑令。二子：通、复。通子孙世居清河，后魏有清河太守灵怀。武德中，子孙因官徙汝州郏城。灵怀曾孙茂道。

茂道，初名	珽，延州刺										

处约，字历道，相高宗。	史、富春男。										
	侑。										
	俊，荆府长史、乐安子。										
	儆，济州刺史。										
	佺，幽州都督、会稽公。										

安邑令骐少子夐，字子远，后汉天水太守，徙居青州。生厚，字重殷，大将军掾。生瑶，字良玉，中郎将。生邃，字伯渊，清河太守。生倏，字士彦，洛阳令。生国，字明元，尚书郎。生耽，字玄志，汉阳太守。二子：

钟、旃。钟，吴先主权即其裔也。旃字子之，太原太守。二子：炎、历。炎字叔然，魏秘书监。生倰，字仲觚，太官令。生道恭，字雅逊，晋长秋卿。二子：颢、芳。颢字士若。芳，中书令。子烈，避赵王伦之难，徙居昌黎。生岳，前燕侍中，子孙称昌黎孙氏，历幽州刺史、右将军。生旂，字伯旗，平南将军，坐与孙秀合谋，夷三族。颢避地河朔，居武邑武遂。生辉，字光休，后赵射声校尉。生纬，字元文，幽州都督。生周，字季洽，后燕高阳王文学。生敬仁，字士和，北燕司隶功曹。二子：苑、蔚。蔚字伯华，一字叔炳，后魏秘书监、枣强戴男。二子：伯礼、方嗣。

伯礼，后魏巴州刺史，袭枣强男。	元虓，北齐文宣帝相国骑曹。	灵晖，北齐治中、大将军司马。	万安，隋徐、兖、婺三州刺史。	彦昉，滑州长史。	矩，滑州长史。	行成，左翊卫。	迪，乐陵主簿。				
							逌。				
							逸。				
						承家。					
				基贞，九岩道门令。	何。						
					儆。						

					休。						
				藻，儒林丞。	昱，乌江令	僎。					
						舍利。					
				彦皎，和州刺史。							
			万寿，大理司直。								
	孝敏，隋晋阳令。	仲将，寿张丞。	希庄，韩王典签。	嘉之，宋州司马。	逖，刑部侍郎、右庶子，谥曰文。	宿，华州刺史。	公器，邕府经略、兼御史中丞。	华清，太原尉。	儒郎。	小盛。	
								正，河中少	询，部阳尉。		

								尹。			
								简，东都留守、太子太保。	景蒙，左赞善大夫。		
									绎，本名景章，永州刺史。		
									说，蓬州刺史。		
									景裕，		

孟州司马。	纾，工部员外郎。	徽，常州刺史。	绿字子韦，河中支使。	继。	浣。
					范，监察御

								史。			
									观，清河令。		
									纬字中隐，歙州刺史、吏部侍郎。		
									蚪，侍御史。		
									铸，许州法曹参军。		
									玩，蓬	小远。	

									州刺史。		
									缙字纯小胤。化，睦州军事判官。		
									绪，平阳令。		
								棸。			
								晏，初名节。			
							献可，大理司直。				
						绛，右					

						补阙。					
						成字思退，桂州刺史、中丞乐安孝男。	惟肖，监察御史。	匡辟，白水主簿。			
								匡方。	棨字文威，中书舍人。		
							保衡，鄂州节度判官、检				

							校司封郎中。				
							微仲，沔州刺史。	庶立，荥泽尉。			
							审象，汝州司马。	履度，南陵尉。			
								方绍，登州刺史。			
								簧。	谏。		
								尚复，德清令。			

								贽。			
								[illegible],江都尉。			
						视,太常寺太祝、协律郎。	替否,鼓城令。				
					遹,左羽林兵曹参军。	会,常州刺史、晋安县男。	公绍。	峤。			
								琏。			
								镣,宜城尉。			

			颋，右庶子、京兆少尹。	公乂，睦州刺史。						
			毂字子相，河南尹。							
			玙。							
			碧，汀州刺史。							
		揆字圣圭，刑部侍郎。	瑝字子泽，凤翔少尹。							

		拙字几玄,中书舍人。									
			冕,袁州录事参军。	公胄,海盐尉。							
			嗣宗,于潜尉。	士桀,长洲令。							
			嗣初,昆山令。								
		方老。	奭字化南,度								

								支职方郎中。			
									朝阳。		
								尧，夔州刺史。			
					遘，亳州长史。	公彦，睦州长史。	璸。				
							璩，于潜尉。				
						客卿，盱眙令。					
						公辅，	复礼，	大名。			

						陆泽丞。	贝州刺史。				
							由礼。				
							元宗。	守崇，凤翔少尹。			
						起，白马令。	非熊，黄梅尉。				
							景商，天平节度使、检校礼部尚书，谥	备字礼用，直弘文馆、蓝田尉。			

							曰康。				
								储字文府，京兆尹、乐安郡侯。	湜，检校员外郎。		
									洽字道弘，秘书省校书郎。		
								伾，兴元少尹。			
								俭字德府，昭			

								义判官、检校工部员外郎。			
								偓字龙光，相昭宗。	溥字熙化。		
								伉，《春秋》博士。			
								佾字文节，集贤院直学士、			

								司勋郎中。			
							清，太原少尹。				
					造，詹事司直。	贾，右内率府骑曹参军。	芳。				
								滔。			
						婴，蓝田尉。	圆。	道师。			
								德师。			
	广烈，汧阳丞。	嘉猷。									

		希业，永阳令。	微之。								
			翘。								
			启。								
方嗣，后魏建威将军。	仲瑜，隋吏部侍郎。	敬文，石邑令。	弘立，睦州司功参军。								
		孝哲，会稽令。	弘文，飞狐令。	璧，上柱国。	章，霍山尉。	子盛，洹水令。					
						子荣。					
						子诏，中郎将。	谏，右武卫兵曹参军。				
							暅。				

						子铄，鹿邑令。	宸。				

孙氏宰相二人。清河有茂道。武邑有偓。

姜姓本炎帝，生于姜水，因以为姓。其后子孙变易他姓。尧遭洪水，共工之从孙佐禹治水，为四岳之官，以其主四岳之祭，尊之，故称曰“大岳”，命为侯伯，复赐以祖姓曰姜，以绍炎帝之后。裔孙太公望封齐，为田和所灭，子孙分散。汉初，姜氏以关东大族徙关中，遂居天水。蜀大将军平襄侯维，裔孙明，世居上邽。

明，后魏兖州刺史、天水郡公。	远，后周荆秦二州刺史、朝邑县公。	宝谊，左武卫大将军、永安刚公。	恪，相高宗。		知友。						
			协字寿，夏州都督、成	亨。							

			纪威公。								
					昂，司勋郎中。		还，虔州刺史、将作少监。	暨字升之。			
								荐字用之。			

九真姜氏，本出天水。

神翊，舒州刺史。	挺。	公辅，相德宗。									
		复，比部郎中。									

姜氏宰相二人。恪、公辅。

陆氏出自妫姓。田完裔孙齐宣王少子通，字季达，封于平原般县陆乡，即陆终故地，因以氏焉。通谥曰元侯，生恭侯发，为齐上大夫。发二子：万、皋。皋生邕，邕生汉太中大夫贾。万生烈，字伯元，吴令、豫章都尉，既卒，吴人思之，迎其丧，葬于胥屏亭，子孙遂为吴郡吴县人。二子：衡、盱。盱字子光，襄贲令。生鸿，字叔鸾，本州从事。鸿生建，字公荣，渤海太守。建生晔，字奉光，本州从事。生恭，字彦祖，御史中丞、京兆尹。恭生璜，字公伯。璜生文，字孝平，弘农都尉。文生亲，字公道，成都令。亲生众，字世业，举秀才，除郎中。生赐，字思祖，丞相府主簿。生闳，字子春，颍川太守、尚书令。三子：卬、温、桓，号颍川枝。桓字叔文，生续，字知初，扬州别驾。三子：稠、逢、褒，号荆州枝。稠，荆州刺史。二子：肃、谦。肃，丹徒令，号丹徒枝。十世孙镇之。

镇之，梁给事中。	瑨。	雍，陈豫章王谘议。	元朗字德明，秦王府学士。	敬义，蓬州刺史。	宣悊。						
					遵楷，秘书郎。						
				敦信，相高郢客。		大鲲，					

				宗。		庆州都督。					
					邠卿。	大训。					
						大盈。					
						大钧，汤。左金吾大将军。					
					越宾，陕州刺史。						
					庆叶，屯田员外郎、雍州司马。	翰，大理司直。	桂，工部员外郎。	子野，荆门令。	耽，泾原节度使、检校工部尚书。	威字歧，兵部侍郎。	

										虬，侍御史。	
										咸，云阳令。	

扬州别驾续中子逢，汉尚书右仆射、乐安侯。五子：涉、表、琼、昊、招，号乐安枝。表生汉海盐县令穰，字子仁。生恢，晋谏议大夫。恢生永兴县令弘，号谏议枝。扬州别驾续少子褒，字叔明。褒第三子纡，字叔盘，吴城门校尉。五子：党、愔、飒、赟、骏。骏字秀才，九江都尉、太学博士。二子：逊、瑁。瑁字子璋，选曹尚书。六子：滂、喜、颖、英、伟、颜。颖第三子海隅县令濯，生汉公。汉公生洌。洌生晋本郡从事元之，隐居鱼圻，号鱼圻枝。生英，字季子，长沙太守、高平相、员外散骑常侍。六子：术、举、晔、玩、粹、瓘。玩字士瑶，侍中、司空，赠太尉、兴平康伯。六子：谧、儒、侧、纳、乂、始，号太尉枝。始字祖兴，五兵尚书、侍中。二子：俶、万载。万载，临海太守、秘书监、侍中。四子：道玩、叔元、群、子真。子真字同宗，宋东阳太守。四子：惠晓、惠恭、惠彻、惠远。惠彻字监，齐司徒府左曹掾。三子：观、闲、引。闲字遐业，扬州别驾。四子：厥、绛、完、襄。

完字楚卿，梁琅邪太	丘公字子岳，黄门侍	琛字洁玉，陈黄门侍	柬之，司议郎、崇文侍	彦远，赞善大夫。		曾。					

守。	郎。	郎。	书学士。								
			静之。								
			玄之字又玄，豫章尉。	元方，相武后。	象先，本名景初，相玄宗。	泛，秘书少监，袭兖公。	冀，城门郎、桥陵令。				
								咸，湖城尉。	晕，汝州参军。		
								兼物，汜水令、吴县男。	愬，海盐丞。		
								兼并，扬府户	高。		

								曹参军。			
								驷，扬州兵曹参军。	楚，永嘉令。		
									翘，婺州刺史。		
							淤，刑部郎中。	演，汜水令。	招。		
									权。		
							该，溧水令。	锵。			
						广，沂	朓，夏				

				义举。	
阳令、大理司直。	谋，丹杨丞。	秘，奉天尉。	预。	序，平陆令。	厚。
州刺史。	偃，泉州刺史。			溥，少府少监、平昌县男。	
				景倩，右台监察御史。	

							康，泽州刺史。	孝甄名真，河南司录参军。	昆，监察御史。		
								正兴。	宾虞字韶卿，侍御史。	龟蒙字鲁望。	
								文举。			
							应，下邽令。	纬，殿中侍御史。			
							庶，福建观察使。	纵，郧令。			

		翊，校书郎。	甚夷，校书郎。	
综，河南府户曹参军。	绘，信州刺史。	绍，颍州刺史。	审传，工部侍郎。	缜之，永嘉

								令。			
					景融，工部尚书。	沛，屯田郎中。	敏，江夏令。	岘，润州司户参军。			
							驯，陈州司马。	志和。			
								惠和。			
						泳，秦州刺史。	盛，黄岩令。	素平。			
								素长。			
								素刚。			
						清。					
						涓，阳翟令。	孟儒，苏州司	翱字楚臣。	希声，相昭	恕。	

							士参军。		宗。		
										崇。	
										惎，符宝郎。	
										愿，左司郎中。	德方。
											德舆，义乌、桐庐尉。
											德邻，库部员外郎。

德谦。	德休，越州法曹参军。	德昭。					
			翾。	嵩，秘书省校书郎。			
					仲文。	季雍，太平令。	玮。
							渐。

					景猷，屯田郎中。	包，工部郎中。	翊，应山令。	沇。			
						易，徐州刺史。	巨，虢州司士参军。				
							倜，舒城令。	詹。			
								廉。			
						玭，明州长史。	俛，新郑令。	严。			
					景裔，光禄卿。	条，上元令。	俭，大理评事。				

				秀方。							
				彦恭，杭州刺史。	棣，嘉兴令。						
					向，漳州刺史。						
		瑾。	逖之，都官员外郎。								
	令公，梁宣城王记室参军。	珣，陈右军将军。		余庆，太子詹事。	珙。	璪字仲采，汾州刺史。	海，湖州刺史。				
							长源字行俭。泳，汴宋节度使。	复。			

	云公字子龙，梁中书黄门郎。	琼字伯玉，陈度支尚书。	从典字由仪，隋南阳主簿。		鉴。					

长沙太守英次子瓘，晋中书侍郎，号侍郎枝。五世孙文盛，齐散骑常侍。生宣猛，字观明，梁宣威将军。宣猛生陈吏部侍郎浔，浔九世孙齐望。

齐望，秘书监。	泌，左散骑常侍。									
	瀍。主客郎中。	休符字昌期。								
		师德，侍御史。	埠，青州从事、监察御史。	扆字祥文，相昭宗。						
	润，左司员									

	外郎。										
	淮，兵部郎中。										
	瀛，吏部郎中。	贽字敬舆，相德宗。	简礼，兵部郎中。								
	浐，户部郎中。	则，杭州刺史、左司郎中。									
	渭，户部侍郎。	赏，监察御史。									
	澧，侍御史。										

陆氏宰相六人。丹徒枝有敦信；太尉枝有元方、象先、希声；侍郎枝有扆、贽。

赵氏出自嬴姓。颛顼裔孙伯益，帝舜赐以嬴姓。十三世孙造父，周穆王封于赵城，因以为氏，其地河东永安县是也。六世孙奄父，号公仲，生叔带，去周仕晋文侯。五世孙夙，晋献公赐采邑于耿，河东皮氏县有耿乡是也。夙生共孟，共孟生衰，字子余，谥曰成季。成季十八世孙迁，为秦所灭，赵人立迁兄嘉为代王，后降于秦。秦使嘉子公辅主西戎，西戎怀之，号曰赵王，世居陇西天水西县。公辅十二世孙融，字长，后汉右扶风、大鸿胪。融七世孙瑶。

瑶，后魏河北太守。			乾赞，隋幽州刺史、阳武公。	玄极，忻州刺史。	仁本，相高宗。	瑄，左司郎中、司仆少卿。	道先字德宗，洪州录事参军。	憬字退翁，相德宗。	宣亮。		
									全亮。		
									元亮。		
									承亮。		
						谏，左羽林将					

						军。					

新安赵氏，后徙京兆奉天。

德胄，回乐令。	景旦，普安令。	灌然，城平令。	植字道茂，岭南节度使、检校工部尚书，谥曰简。	公仪，下邽尉。							
				遵约。							
				仁约。							
				存约，兴元节度判官。	隐字大隐，相懿宗、僖宗。	光逢字延吉，太常卿。					

						光裔字焕业，膳部郎中，知制诰。	损。	承让。	
								承说。	
							益。		
						光胤字垂裕，驾部郎中。			
					鹭字玄锡，华州刺史。	光远。			

				从约。	蒙字不欺。	昌翰字德藩。						
					蕴字中美。							
				滂字思济。	峻字仪山。							
					崇字为山，御史大夫。							
					峋字德山。							

敦煌赵氏。

子迁，隋鹰扬郎将。	武盖，监察御史。	彦昭字奂然，相中宗。									

南阳赵氏亦世居宛县，后徙平原。

鉴，后魏太常卿。	荣，隋库部侍郎。	德言，主客员外郎。	景，好畤令。	敭先，殿中侍御史。	骅，秘书监。	宗儒字秉文，相德宗。					
			仁泰，南和令。	慎己，告成丞。	驷，京兆士曹参军。	涉，侍御史。	傪，监察御史。				

						浑，大理丞。	伉，昭应尉。	璘字泽章。			
								琏字几颜。			
								璜字祥牙。			
							倖，初名儹，字德融。				
							佶，兼监察御史。				
				慎庶，殿中侍御史。							

赵氏宰相四人。仁本、憬、彦昭、宗儒。

阎氏出自姬姓。周武王封太伯曾孙仲奔于阎乡,因以为氏。又云,昭王少子生而手文曰“阎”,康王封于阎城。又云,唐叔虞之后晋成公子懿,食采于阎邑,晋灭,子孙散处河洛,前汉末,居荥阳。尚书阎章生畅,侍中、北宜春侯。三子:显、景、晏。显,车骑将军、长社侯。显生穆,避难徙于巴西之安汉。显孙甫,魏武帝封为平乐乡侯,复居河南新安。生牂柯太守璞,璞生晋殿中将军、汉中太守赞。赞生辽西太守亨。亨生北平太守安成亭侯鼎,字玉铉,死刘聪之难。子昌,奔于代王猗卢,遂居马邑。孙满,后魏诸曹大夫,自马邑又徙河南。孙善,龙骧将军、云中镇将,因居云州盛乐。生车骑将军、敦煌镇都大将提,提生盛乐郡守进。进少子庆,字仁度,后周小司空、上柱国、石保成公,赐姓大野氏,至隋复旧。生毗。

毗,隋将作少监、石保公。	立德,工部尚书、大安公。	玄邃,司农少卿、泽州刺史。	知微,左豹韬将军。								
			巨源,射洪令。	用之,左金吾将军。	定。						
					宷。						
					宰。						

					宣。				
	立行，少府监。	玄秀，岐州刺史。							
	立本，相高宗。	克俭。	叔子，同州刺史。						
		嘉宾，司农卿。							

阎氏宰相一人。立本。

郝氏出自郝省氏，太昊之佐也。商帝乙之世，裔孙期封于太原之郝乡，因以为氏。裔孙晏，秦上卿。晏孙瑗，太原守。生羹，汉匈奴中郎将。裔孙晋末因官徙润州丹杨。七世孙回，自丹杨徙安陆。

回，梁江夏太守。	破敌，后周沔州太守。		相贵，滁州刺史。	处俊，相高宗。	北叟，司谏郎。				
					南容，秘				

					书郎。					
					处杰，鄜州刺史。					

郝氏宰相一人。处俊。

薛氏出自任姓。黄帝孙颛顼少子阳封于任，十二世孙奚仲为夏车正，禹封为薛侯，其地鲁国薛县是也。奚仲迁于邳，十二世孙仲虺，复居薛，为汤左相。臣扈、祖己皆其胄裔也。祖己七世孙曰成，徙国于挚，更号挚国。女大任，生周文王，至武王克商，复封为薛侯。齐桓霸诸侯，独薛侯不从，黜为伯。历三代，凡六十四世，其可记者：畛生初，初生厉侯陵，陵生宣武侯房，房生哀侯褒，褒生庄侯元，元生平侯贵，贵生昭侯直，直生襄侯夷，夷生桓侯辨，辨生康侯安兴，安兴生定公箱，箱生恭侯尚，尚生景侯魏，魏生宣侯伯勤，伯勤生简侯文欢，文欢生惠侯夷黄，夷黄生灵侯英，英生文侯俱，俱生隐侯清，清生愍侯洪，为楚所灭。公子登仕楚怀王为沛公，不仕，隐于博徒，因以国为氏，所谓薛公也。生云，云生印，印生倪，为楚令尹。倪生翁，翁生鉴，汉初献策灭黥布，封千户侯。生瑑，瑑生茂宣，茂宣生怀则，怀则生引孙，引孙生广德，字广德，御史大夫。广德生饶，长沙太守。饶生愿，为淮阳太守，因徙居焉。生方丘，字夫子。方丘生汉，字公子，后汉千乘太守。汉生彪，字辅国，司徒祭酒。彪生侍御史安期，安期生中山相修，修生马邑都尉山涂，山涂生山阳太守固，固生龙丘令文伯，文伯生东海相衍，衍生兖州别驾兰，为曹操所杀。子永，字茂长，从蜀先主入蜀，为蜀郡太守。永生齐，字夷甫，巴、蜀二郡太守，蜀亡，率户五千降魏，拜光禄大夫，徙河东汾阴，世号蜀薛。二子：懿、始。懿字元伯，一名奉，北地太守，袭鄢陵侯。三子：恢、雕、兴。恢一名开，河东太守，号“北祖”；雕号“南祖”；兴“西祖”。雕生徒，徒六子：堂、晖、推、焕、渠、黄。堂生广，晋上党太守，生安都。

安都字休达，后魏镇南将军、河东康王。	真龙。	显，晋州刺史。	世斌。	伯琳，静州刺史。							
				师。	操。	朏。	南金，著作佐郎。				
							兼金，蒲州刺史。				
			世琎。	敏济，左金吾大将军。							

	道龙。	荣，后魏新野武关二郡太守、都督、澄城县公。	仲孙。	衍，后周御伯中大夫。	轨，隋襄城郡赞治。	仁贵名礼，松漠道大总管。	讷，相玄宗。	徽，左金吾将军。	揖，相州刺史。		
									振。		
									抃，歙州刺史。		
								直，绥州刺史。	坚，邢州刺史。		
									干，洛州刺史。		

			畅，左羽林将军。								
		雄，卫州刺史。	光。	慎惑，司礼主簿。							
		洽。									
				楚卿。							
				楚珍。							
			疑，清河郡司户参军。	楚王字瑶，左羽林将军、汾阴县伯。							

								岌，右金吾将军。			
								粤，相卫节度使、太子少师。			
								嵩字嵩，相卫节度使、平阳郡王。	平字坦涂，左龙武大将军、韩国公。	广。	
										文范。	

	文度，监察御史里行。										
	湘，初名俭，许州司士参军。										
	宜僚，家令丞。										
	从字顺之，左领军将										

军、河东县子。	廉，虢州司法参军。	勤。	文绍，蜀州司马。	文谦。	季方，宋丘尉。	文纬。
			云石，监门将军。			

										敦前，乡贡明法。	
										实。	
									昌朝，保信军节度史。	文继，监察御史。	
									贻谋，兵部侍郎。	敬叔，泾阳尉。	
										元士，虢州参军。	
										朗。	

及。	弘猷。	弘礼。	珂，嘉兴尉。	存亮，下邽尉。	建。
			昌族，陈州刺史、侍御史。		昌期，仪州刺史、兼侍御史。

										文裳。	
										擢，齐州司兵参军。	
										宇，金州户曹参军。	
										文略。	
									昌宗，庐州长史。	元辅，下邑丞。	
										文质，郑王府参军。	
										行甫。	

											昌运，监察御史。	存简，潞府参军。	
												文规。	
												存易。	
											皋，贝州长史。		
											婺，亳州司户军。	文纲，益都令。	璎生颜、勍、超戢、浔。颜生约，约生阿卿。勍

生戬。
愿。愿
正，生
一名
督。浔，
夏州都
彭。岑，
彪、岑、
生彬、
御史，
殿中侍
簿。戡，
安邑主
业。超，
生绍

										文宙。	
										文演。	
										真。	
										文英。	
										文众。	
									聿，金乡令。	仲宣，宁陵令。	
										仲远。	
										仲达。	
								岸。			

西祖兴，字季达，晋河东太守、安邑庄公。三子：纥、清、涛。涛字伯略，中书监，袭安邑忠惠公，与北祖、南祖分统部众，世号“三薛都统”。三子：强、遗、清。强字公伟，秦大司徒、冯翊宣公。三子：辩、邕、宠。辩字元伯，后魏雍州刺史、汾阴武侯。生谨，字法慎，内都坐大官、涪陵元公。五子：洪祚、洪隆、瑚、昂、积善，

号“五房”，亦为濮上五门薛氏大房。

洪隆字菩提，河东太守，谥曰简。	骈字景游，中书侍郎，谥曰宣。	庆集，沧州刺史。	纲。	勤嘉。	元珪。	谓。					
		英集，黄门侍郎。	端，吏部尚书。	胄，隋刑部尚书。	献，工部侍郎、内阳公。	元嘏。	孝廉，工部郎中。	自勖，杭州别驾。	愉，徐州刺史。		
									怿。	伯高，刑部郎中。	
								自励，河南府功曹参	恬，殿中侍御史。		

								军。			
								自勉，余杭太守。	谊，职方员外郎。		
								自劝。			
								融，清河太守。	退，著作佐郎。		
								公兑，建州刺史。			
							孝侑。		延。		
								近。			
			弥敏，隋通州总管。							述，吏部侍	务宽，滁州刺

										郎。	史。
	骥字景逸，黄门侍郎，谥曰昭。	亮。	琰。	浚。	玄祚，驾部员外郎。						
				谟。	文思，中书舍人。	希曾。	元暧，隰城丞。	彦辅，大理评事。			
								彦国。			
								彦伟，监察御史。			
								彦生。			
								彦云。			
						希庄，抚州刺	元晖，什仿	播，水部郎			

						史。	令。	中。			
								总，监察御史。			
								据，礼部侍部。	公达。		
									公干，比部郎中。	损字后己。	
										蒙字中明。	标字垂范。
										临字知微。	
									公仪，		

									殿中侍御史。		
瑚字破胡，后魏河东太守，谥曰简。	聪字延智，黄门侍郎、简懿侯。	孝通字伯达，中书侍郎。	温周，鄀州刺史。	迈。	元敬，秦府学士、太子舍人。	象之，绛州刺史。	恣。				
						逵。	恒。				
					元穆，户部员外郎。						
				迪。	元简，殿中侍御史。	仲璋，监察御史。					
			道衡字玄卿，隋益州	大年。	行成，易令。	仁方，岳州刺					

			总管、临河贞公。			史。					
						仁伟。	稷，相中、睿。	伯陵。			
								伯阳，左千牛将军、驸马都尉。	谈，卫尉卿、驸马都尉。		
				收字伯褒，秦王府十八学士、汾阴献公。	振字元超，相高宗。	耀字升华，给事中，袭汾阴男。	黄童，滑州司功参军。	承规。	向。		
									泳。		

			承鼎。								
			承辅。								
			承裕。								
			承翰，晋安府果毅都尉。	金童，壮武将军。							
			承宠。								
			崇，江阴尉。	荣童，永宁丞。							
				颜童。							
			璠。	襄童，果州司户参							

军。
环。
璎。
玙。
凤童字嵩。公翰，兖州司马，袭汾阴男。
岩。
岑，云童，润州参军。
岸，肥

								乡府果毅。			
						毅字仲雄，太子舍人。	儒童字胜流，醴泉令。	睦。			
								舒字仲和，黔中经略使、河东县伯。	安亲，新乡丞。		
									安国，左金吾兵曹参		

军。	安都，永王参军。	遵诚，奉礼郎。	遵海，协律郎。	遵训，太常寺太祝。	安迁，洛南
					海童子深源，

							新乡丞。		尉。		
									安为，华亭令。		
							江童字灵远，陈留太守、河南采访使。	宁字孝本，著作郎。	当，钱塘令。		
									裳，检校尚书、水部员外	延休，河清尉。	

									郎、知度支东川院。		
									谟，吴尉。		
									镇，钱塘令。	庄。	
										雁。	
									锏字几中，大理评事。	贲字抱素，司封员外郎。	遐举，生正元。
											鹏举，大宁令，生

坦、埙。			
殷图，华阴尉。	洿字德符，婺州刺史。		
			平。
		应，本名载，京兆府兵曹参军。	邕字公和，宣歙观察使。
		钛，司农丞。	康，殿中监、驸马都尉。

曛，唐昌令。	弘范，丰陵令。	钜，洛阳令。									
皓，光禄丞。子碤，太子舍人。											
	弘远，宋州录事参军。										
蒙。	肱，凤翔府仓曹参	铍，京兆府仓曹参									

	军。	军。									
象。											
庾，赵城主簿。	弘志，凤翔府司录参军。	钧，通州刺史。									
潘，闻喜令。	弘宗，司农卿。										
岩，蕲州司马。	弘宣，蕲州录事参军。										
峤。											
嶷。											

嵩老字仲甫，膳部员外郎，号“南薛”。生筠。	弘休，膳部员外郎。										
	夔，睦州刺史。										
確。	弘绍，醴泉令。	钊，秘书监。									
蟾。											
	弘懿，										

										商州长史。	
										弘裕，宋城尉。	
								晏，岭南推官。	锜。		
						俊字爽之，慈州刺史。	上童，陇西郡太守。	垂。			
								万，富阳令。	正封。		
								华。			

							替否，冯翊郡太守。	猷童字武，河南府士曹参军。	端己，邢州参军。	仲躬字潜。	
										行周，信州长史。	
									易简，南陵令。	仲约字温，吴尉。	
										浑。	
									易简，余杭、	仲海字漳。	

									江西从事。		
									仲素，河东节度判官。	淤。	坤符。
									铸，乌程尉。	广。	鲁。
										浼。	
										溪。	
										涂。	
										谱，殿中侍御史。	韬，改名酂，垫江令。生

戢。											
郢。											
	行实。										
	行立。	叔达，忻州司马。	暇，沁州别驾。								
	行方。										
	休。	仲翔字鹏举，河南府士曹参军。	袭，大理评事。								
	砅。										
遐翼，严州刺	植字子正，侍										

史。	御史。										
昭远，沁水丞。	洸，许州支史。										
			崟。								
		正则，长春宫判官。	益字公茂，河南府户曹参军。	贞童字文干，岐州司法参户。							
元朋，儋州刺史。生善慧。	说，驾部员外郎。	正伦，殿中侍御史。									
彦远，											

南部令。生锬,导江令、侍御史。		茂修,太常博士。生错、锐。锐,检校工部
	谌,国子四门博士。	诚字符,司农卿。

											员外郎。
											延枢，武功尉、左拾遗。生铏、镳、钢。
											茂昌，检校兵部员外郎。
								陟字元逊，彭城令。	正文，阳武令。	谕，芮城令、检校户	

									部员外郎。	
									鼎，光禄主簿。	彦明。
										庶。
									𬨎，侍御史，知浙西盐铁院。	彦损，河中、河东尉。
									护，河东尉。	
									谓字昌臣，京兆府功	厚，西城令。

								曹参军。	
									嶕，魏城令。
									峣，高陵尉、右拾遗。
								谓字匡臣，大理评事、度支巡官。	彦规，曲沃令。生导。
									彦矩。

彦锡。											
	让，大理寺主簿。										
昌远，鸿胪卿。	诞。										
迺，棣州录事参军。											
				奇童字寿，灵灵孺，石尉。慈州刺史。							
			峦，忠								

								州录事参军。			
							季童字仲孺，秘书正字。				
	彧字遵智，尚书。	长瑜，洛州刺史、征东大将军。	棱伽。	德义。	景山。	胤字孝褒。	冲。				
							源。				
							淡。				
						元嗣，洛州长史。	温，膳部郎中。	昭。	蔼。	芬。	蓁。
								璇，左			

								武卫将军。			
						元宗，虢州刺史。		珣，殿中侍御史。			
								郑宾，濮州刺史。			
								弘悌，工部郎中。			
								镜一，虞部郎中。			
	和字遵睦，善周，京兆粹。			大鼎，贝州克构，麟微元。							

	后魏南州刺史谥文。	尹、博平公。		刺史。	台监。						
					克勤，宗正卿。						
			衮。	臻德。							
				善音。							
			裕。	敬仁，阆州刺史。							
				敬德，果州刺史。	崇本。	待聘。	莹，杭州刺史。	铫，忠州刺史。			
							鄘。		良史，杞王传。	构。	

				敬伦。	环,丹州刺史。						
			淹。	廉,吉州刺史。							
		慎。		道旻,礼部员外郎。							
		济。	文度,曹州刺史。		瑾,左拾遗。						
	逸字智都,殿中监。	昶,北地太守。	纲,高平公。	昭,泽州刺史。	昉,淮阴侯。	岑,夏州都督。	福,安州刺史。	衡。	玉。	俊。	神生国,国生绍,绍生信,信生问、闵。

											康镇。
	芳字秀令。	膺字元礼，谏议大夫。	处静。		扬名。	反光。					
					德晟。						
					敏恭，司宰卿。	玄立，左羽林将军。					
		蕃。	处道。	德祖。	怀操，祠部郎中。						
				德元。	怀昱，饶州刺史。	瓘，光禄卿、驸马都尉。	颢，黄门侍郎。				
							绪。	崇允。	回。	景先，	

	左金吾大将军。										
		翘。	崇胤，太常卿、寿阳王。	绍，左散骑常侍、驸马都尉。							
			崇简，太仆卿、立节王。								
		颙，殿中侍御史。	崇一。	绍，礼部郎中。	瑊。	怀晏。					

							纪。	愿，汝南太守。			
								𢘑，主客郎中。	颋，太子中舍。		
									顼，蓬州刺史。		
							莹。				
							儆，邓州刺史、驸马都尉。	镛，光禄卿、驸马都尉。			

				德备。	玄嘉。	玄嘉，兴州刺史。	植，膳部郎中。		澜。		
									忱。		
				德闻。	怀智，膳部员外郎。						
					怀让，怀州刺史。	侃，尚书左丞。	贲居。	成己。			
						謇，咸宁郡长史。	胜，左拾遗。	存诚，给事中。	庭范字辅国。	保雍字昌之。	
										昭谟。	
									庭章字	保厚字	

		镇章。	介。								
晔。		贻矩字式瞻，一字熙用，御史大夫。	庭望字遂之，虢州刺史。								
昭纬字纪化，御史中丞。		保逊字逊之，司农卿。	庭老字商叟，吏部侍郎。								
冲。		珮。	庭杰，右拾遗。	存规，卫尉卿。							
懿，胙											

											城令。
										璟，荆南节度书记。	贞赞。
										正表字子昭，左谏议大夫。	殷藏生知素。
											贞。
											祠。
										璘。	
										正朋。	贞齐。
昂字破氏，后魏河东太守。	钦。	馥，后周荆州刺史、阳城公。	道实，隋礼部侍郎、临汾公。	德儒，隋济北司马。	宝积，润州刺史。	待诏，代州司马。	瞻。				

							侃，陕州司马。	嗣先，卫尉少卿。	苍，光禄卿、驸马都尉。		
									蔜。		
									华。		
								顺先，奉先尉。	莱。		
									莘。		
									芳。		
									萃。		
									苹，浙西观察使。	膺，婺州刺史。	调。

										褒字鲁志。	祈字敦美，生汾字鼎川。
											蟾字宗圣。
										休字焘志。	
										庠字蒙志。	
										齐。	
								常先，太子詹事。	苌，江陵少尹。		
							弼，滑				

							州刺史。				
							暠。	茂先。			
								荣先。			
								巨先。	顺连。		
						裔。	珹。	悌。	伯连，河东尹。	延智。	
										延光。	
									仲连。		
									幼连，京兆府户曹参军。	易知，慈州刺史。	
										延，凤	

	翔少尹。										
	贡，左司员外郎。										
		季连，工部侍郎。									
					缄。						
					绍。						
		过庭。			缜。						
		锐。	懋。	恒。	续。	宝胤，少府少监。					
		锾。									
	诸。	镐。									

										诣。	
									钧。		
						纯，秦州都督。	麟，仓部郎中。				
						绚，好畤令。	如瑶。	弁，江州刺史。	元方。		
									仲方。		
						绾，济源令。	翼，右补阙。	丕。			
						绘，祠部郎中。	承规。				
							承矩。	謇，泗			

州刺史。					弘庆。
	用。	兢，殿中侍御史。	朋。	羽，新平太守。	珏，岭南节度使。
	纮，华州刺史。				

								存庆。	耽字敬交，东川节度使。		
						缙，庐、和二州刺史。	林。				
							枝。				
						绛。					
						缣，金部员外郎。	同，湖州长史。	乂，温州刺史。			
								丹，庐州刺史。			

		戎字元溯。夫，浙东观察使。								
		洽。								
		放，江西观察使。								
寿弘，合州刺史。		朗。								
		广。恽。	思贞，郓州刺史。	仁轨，虞部郎中。	世弘。	深。		仲王，东夏祭。州刺史。	庆字积善，隆宗。后魏河东太守。	
		庈。								

								忻，侍御史。	溎。		
									渐。		
									备。		
								愐。	中孚。		
									随。		
									蒙。		
							记，绛州刺史。	和，左仆射。	经。		
						仁惠。	思诲。	暿，监察御史。			
							思行，右金吾	昭，普州刺		晁，邓州刺	晟，御史大

							将军。	史。		史。	夫。生逵，逵生偡。

薛氏定著二房：一曰南祖，二曰西祖。宰相三人。南祖有讷；西祖有稷、元超。

唐书卷七四上
表第一四上

宰相世系四上

韦氏出自风姓。颛顼孙大彭为夏诸侯，少康之世，封其别孙元哲于豕韦，其地滑州韦城是也。豕韦、大彭迭为商伯，周赧王时，始失国，徙居彭城，以国为氏。韦伯遐二十四世孙孟，为汉楚王傅，去位，徙居鲁国邹县。孟四世孙贤，汉丞相、扶阳节侯，又徙京兆杜陵。生玄成，丞相。生宽，宽生育，育生浚，后汉尚书令。生豹，梓潼太守。生著，东海相。孙胄，魏詹事、安城侯。三子：潜、穆、愔。潜号“西眷”，穆号“东眷”。潜曾孙惠度，后魏中书侍郎。生千雄，略阳太守，生郑子，字英，代郡守、兖州刺史。生瑱，字世珍，后周侍中、平齐惠公，号平齐公房。二子：峻、师。

峻，后周车骑大将军、仪同三司，袭平齐县公。	贞字德正，隋监辽东城西面军事。	怀敬，左领军将军。	知艺，襄州刺史。								
		怀辩，开府									
		怀质，光禄卿。		颢，阴平太守。							
			希缄，江都令。	澮，临汾主簿。	渐，陵州刺史。	宗礼，陕虢观察支使。					
						文恪字敬之，	从易。				

						将作监，充内作使。					
					淡。	审规，寿州刺史。	发字知人，工部员外郎。	究字继山，右谏议大夫。			
						象，殿中侍御史。	元贞。	悫字端士，武昌军节度使。	德邻，信州刺史。		
									保衡字蕴用，相懿		

									宗。		
									保殷，长安令。		
									慎思，泰宁军节度判官。	瓖，秘书郎。	
									保范，邠宁节度副使。		
									保乂，翰林学士、兵	肃字内庄，洛州团练	

									部侍郎。	副使。	
									保合，邠宁观察支使。		
							方宪，台州刺史。	钧，福建观察判官。	赞字致雍。		
									允之，襄州录事参军。	仁济，陈州录事参军。	
										襄，秘书丞。	

								从易，国子太学博士。			
								询，滁州刺史。			
								从龟，左庶子。			
								铎，乌程令。			
								铃，屯田郎中。			

		匡素，和州刺史。		洽，考功郎中。	收，殿中侍御史。						
师字公颖，隋汴州刺史、井陉定侯。		弘敏，相武后。									
			容成，骁卫将军。								
		仁爽，凤州刺史。									
				瑶，果州刺史。							
		素立，主爵员外郎。									
					屺，宋州						

					刺史。						

东眷韦氏：穆曾孙楷，晋长乐、清河二郡守。生逵，慕容垂大长秋卿。生阆，字友观，避地蓟城，后魏太武召为咸阳太守。时关中大乱，所部独安。明元帝尝曰："我欲有臣皆如阆。"当时以为美谈。子孙因自别为阆公房。二子：范、道珍。

范，后魏高平男。	法儁，都水使者、高平贞男。	子粲字晖茂，北齐豫州刺史、西兖忠男。	孝謇，集州刺史。								
		荣亮字子昱，北齐左卫大将军。	纲字世纪，隋赵州长史。	文宗。	德敏，太府少卿。	璆，衡州刺史、鲁县康公。	元诚，范阳郡仓曹参军。	彤，澧州刺史。	沂字勿喜。		
							元济。				

							元贲。				
							元曾字颖叔，吏部郎中。				
						珙，光禄少卿。	元方。				
							元志。				
						玢，司农卿。	元甫，尚书右丞。	悦，长安令。			
							元怿。	愃，巴州刺史。			

						瑗。					
					德基，金部郎中。	琳，广州都督。	裕。				
							延安，鄂州刺史。				
						球。	之晋，湖南观察使。	祐			
				文杰。		玠，荣州刺史。	敭，金部员外郎。				
	颢。		谟，隋蒲州刺史、普安	士让，罗州别驾。							

			郡公。								
	祖欢。		世师，博州刺史。	真泰，户部侍郎。	琼，考功郎中。						
					修业，水部员外郎。						
				崇操。	月将，以直谏死中宗朝。						
					皛，眉州刺史。						
					忠，普州刺史。						

道珍字秦宝，后魏威远将军、扶风冯翊二郡太守。生邕，著作郎、谏议大夫。生鸿胄，二子：澄、淹。淹

生云起，封彭城公，因号彭城公房。

鸿胄，后周仪同三司、本州大都督、新丰昭公。	澄字清仁，绵州刺史、彭城敬公。	庆嗣，太子家令，袭公。	正礼，太子舍人。	承彦。							
			正德。	广宗，丹杨丞。							
				守素，绛州司功参军。	忻。						
					协。						
			正名，东海令。	元昭，渭州司法参军。	善虚，都水丞。						
				元晖，恒王	迥，监察	镇。					

				府谘议参军。	御史。						
					邈，校书郎。	彭侯。					
						成侯。					
					遵，云阳尉。	公举。					
						公安。					
						公衡。					
			正道，太子通事舍人。								
			正己，工部员外郎。	怀㧑，彭原尉。	东箭。						
				怀构，申王府谘议参	绍，郃阳令。						

				军。							
					仿，郃阳令。						
			正象，雍丘令。	元震。	璆，左卫中郎。						
					玢。						
					玠。						
			正履，颍州司马。	齐物。	伯矿，著作郎。	彪，唐州刺史。		中立。	慎枢字欲讷。		
						彤，太常博士。					
				千龄。	峻，秦王府仓曹						

					参军。						
					岘，南阳主簿。						
			正矩，殿中监、驸马都尉。								
		庆植，魏王府长史。	璠，驾部员外郎。	钧字季和，汉州司马。	悦然，晋州长史。	逵。					
						遇。					
					怡然，赞善大夫。	巡。					
					忻然，大理丞。	迪。					
					怿然，鄂州别驾。	遘。					

				铉,虞部郎中。	莹,司门郎中。						
				默,神乌令。							
				邃,左武卫骑曹参军。							
			琳,溵水令。								
			珣,清河令。	钛。	至诚,吴尉。	密,信安丞。					
				键,临颍令。	千秋,乐寿丞。	去泰。					
						去奢。					
						去甚。					
				铣,魏州刺	蓝,秘书	微,河					

				史、河北采郎。访使。		中府户曹参军。					
						宣，左千牛。			宥，宣州刺史。		
					鉴，著作郎。						
					銮，颍王府司马。						
			瑾。								
			琇。								
			琎，仓部郎中。	镐，兴州司马。	万春，果毅。						
					诜，荆府						

	倩，临洺主簿。	侨，河池郡司马。	伦，莒令。	倚，光禄少卿。	佶，密州录事参军。	士曹参军。
涣。		锷，濩泽令。			佸，徐州别驾。	
瑨，三原令。						

				滔。							
				清。							
				济。							
			颋，工部尚书。	锷，太子少保、驸马都尉。	友谦，陈王府长史。	续，天兴令。					
						绣，徐城令。					
						纵，左金吾卫兵曹参军。					
					友信，泉、吉、婺三州	缜。					

					刺史。						
						缮。					
						缋，试金吾卫长史。					
						绥，屯田郎中。					
					友谅，右卫将军。						
						约。					
						缉，相州参军。					
					友柔，太总，胜						

					子舍人。	州刺史。					
						绛，襄州司法参军。					
					友刚，漳州刺史。	蕴，检校太子詹事。					
						绾。					
						绍，一名鼎。					
					友顺，山阴令。						
			琰，左千牛。	宁，绛州司兵参军。							

				宽,通事舍人。					
		庆余,初名庆基,兵部郎中。	玄真,校书郎。	元一。					
			玄昱,明经。	履恬,绛令。					
				履惇,婺州法曹参军。					
				履愔。					
				履恪。					
				履协。					
			玄符。						
			玄直。	元寂。					
				元覃。					

			玄胤。	黄冠。							
			玄宝，安州司法参军。	从一。							
				彦谈。							
				仲良。							
				季良。							
			玄锡，台州刺史。	元寂，楚丘令。							
				元泚，襄阳令。							
				元清，商州司户参军。							
		兢，初名庆伾，库部员外郎。	巨山。	元旦，中书舍人。							

				元晔，司勋员外郎。							
				元晨，殿中侍御史。	涵。	颢，洋州刺史。	力仁，驸马都尉。				
					登。	万，忠州刺史。					
						顺。					
						俛。					
						颛。					
		庆祚。	颖，宋州刺史。	行详。							
				行诫，著作郎。		干，太子詹					

						事。					
					子文，德明皇帝庙令。	器字器，富平尉。	公右，昭应令。	及，三原令。			
				行诠，尚书右丞。	良宰。						
					利见，岭南节度使。	明宸，剑州刺史。					
		庆本，洪府长史。									
		庆暕，户部员外郎。	升，泽州刺史。			明宗，左赞善大夫。					
	奄。	云起，司农	师实，秦州	方质，相武							

		卿、益州行都督。台仆射。		后。					
				方直，兵部郎中。					
		云表字之玄，秘书监，袭晋阳公。	师经，齐王府司马。	友道。					
				侠客。					
				真客。					
				楚客。					
			师庄，著作郎。	昉。					
				晊。					
				晙。					

		云平，度支郎中。		元晟，绵州刺史。	汪，岷州刺史。				
				元珪，宗正卿。	坚字子全，刑部尚书、韦城县男。	证，果州刺史。			
						谅，河南府户曹参军。			
					兰，将作少监。				
					冰，鄠令。				
					芝，兵部				

					员外郎。						

逍遥公房出自阆弟子真嘉，后魏中侍、冯翊扶风二郡守。二子：旭、祉。旭，南幽州刺史、文惠公。二子：敻、叔裕。敻字敬远，后周逍遥公，号逍遥公房。八子：世康、洸、瓘、颐、仁基、艺、冲、约。

世康，隋荆州总管、汉安文公。	福嗣，隋内史舍人。	悰，御史中丞。									
		憬，尚书左丞。		希元，上党尉。	启，左补阙。	彰。					
						肇，吏部侍郎。	绶，左散骑常侍。	温字弘有，宣歙观察使。	確，四门助教。		
									璆。		

									瓌。		
									琛字信卿。		
							贯之字正理，相宪宗。	澳字子斐，河南尹。			
								庚,刑部侍郎，判户部事。	庠字宾虞。	华字表文。	
									应字德华，户部侍郎、翰		

									林承旨学士。		
									序字休之。		
									郊字延秀。		
								潾。			
							缥，吏部郎中。				
						班，衡州刺史。	汭。				
		福奖，隋通事舍人。	寡尤，洋州刺史。	璋，湖州刺史。	篪金，河南府参	黄裳，升州刺	旻，河南府参	博字大业，昭	郢，监门率府		

					军。	史。	军。	义节度使。	录事参军。		
									鲁，泾州营田判官。		
									承裕字天锡。		
									承贻字贻之。		
				珍。							
洸字世穆，隋广州总管、襄阳敬公。	协字钦仁，秦州刺史。	仲锐，金部郎中。									
		叔锐。	文彦。	良嗣，给事	稹，京兆极。						

				中。	少尹，知府事。						
								光远字德龟。			
璀字世恭，随州刺史、达安公。	万顷。	元整，曹州刺史。									
颐。		晤，户部郎中。									
仁基，龙州刺史。	元祚，丹州刺史。			霸，吏部郎中、汝州刺史。							
	仁祚，宋州刺史。	旅，给事中。	皎，许州司马。	憖，渭南主簿。	商伯，金乡尉。	伟，著作郎。					
						儹，睦					

						州刺史。					
		晔。									
	哲。			元辅。	原叔。						
艺字世文，后周营州总管、魏兴怀公。	彤。	彦师，抚州刺史。	承徽，忠州刺史。	彦方。	徵。	衡，原州都督。	寂，司农太府少卿。	岘。			
								屿。			
								岵。			
								嵫。			
						衍。	万，兼监察御史。	处厚字德载，相文宗。			

京，富平令。		少华，太府卿。			
	衢，殿中监闲厩使。	衎，右骁卫将军。			
		同，洪州都督。			
				景先，湖州刺史。	敭先，拾遗。
				希仲，太常卿、扶阳公。	
			元方，礼部郎中。	马鼎，将作监丞。	
			彧。	晏字宣，岭令。	

				胄先，殿中侍御史。							
				象先。	珣，将作少监、通事舍人。						
			希字季，薛王友。	袭先，蜀州参军。							
				奉先，岐山令。							
				令先，翼州参军。							
				宗先，易州参军。							
				昭先。							
	宣敏。	峤，秋官侍友直，司门									

		郎。	郎中。								
			友清。	郑，坊州刺史。							
冲字世冲，隋户部尚书、义丰公。	挺，象州刺史。	待价，相武后。	令仪，宗正少卿。	鉴。							
				銮。	应物，苏州刺史。	庆复。	退之。				
						厚复。	彻字中式。莹。		播。	匡字化权。	逖字遐美。
								韫。	庄字端己。		
				锜。							
				镕。	系，岳州						

					刺史。						
				镒，监察御史。	武，京兆尹、御史中丞。						
			烈。	嗣立，宣州司户参军。	尧，兴道令。	弘景，礼部尚书。					
		履冰。									
		兴宗。	令望。	叔卿，丹州刺史。	浣，昭应令。						
					涤，户部员外郎。						
			令悌。		汎，江州刺史。	周方。					
			令裕，屯田								

			员外郎。								
		万石，太常少卿。									
	德运。	山甫，屯田郎中。									
约，隋仪同、观城公。	克己。	遥光，万年令。									
	后己。			诚奢，殿中侍御史。	晊，兵部，郎中。	公辅。					
						公素字复礼。					
								荷字敬止，岭	艺字德辉。		

								南节度使。			
									堡字仁曾。		
									塾字德详。		
						公度。					
						公玙。					
						公肃，太常博士。					

郧公房：文惠公旭次子叔裕，字孝宽，隋尚书令、郧襄公。六子：谌、总、寿、霁、津、静，号郧公房。

总字善会，	柱成，	袭郧									

后周京兆尹、河南贞公。	国公。								
	匡伯，隋尚衣奉御、舒国懿公。	思言。	逞，光禄卿。						
		思齐，尚书右丞、司稼正卿。	纪，卫尉卿、怀宁公。						
		思仁，尚衣奉御。	巨源，相武后、中宗。	明勅，华州刺史。					
			液。		寡悔。				
	圆照。	观。	爽，太仆少卿。	润。	昭信，沧州长史。				
				湜，齐州刺	昭训，太	光宰，			

				史。	子仆。	太府少卿。					
						光裔字叔阳，少府监。	廩，太府参军。				
						光弼，大理卿。	膺				
							庠。				
							庇。				
						光胄，太常少卿。	庆。				
						光辅字	康。				

						光辅，衢州刺史。					
							膺。				
							允节。				
						光宪，太子少詹事。					
寿字世龄，隋毛州刺史、滑定公。	保峦，右卫副率。		知远，监察御史。								
	义节，刑部侍郎、襄城公。		慎行。	潜，澧州刺史。							

				涣，嘉州刺史。							
			慎名，彭州刺史。								
			慎惑，右骁卫将军。								
津，陵州刺史、寿光县男。	全璧。	悦，给事中。	勉，复州刺史。								
			干。								
		忻，兵部郎中。	希先，比部郎中。								
			奂，虞部郎中。								
			希一。								

			謇。								
		季重。	烈，都官员外郎。	迈。							
				迪。							
		憺，定州长史。	千里名昂，以字行，白水丞。	宏。							
	琬，成州刺史。	令则。	晟，棣州刺史。								
		叔夏，礼部侍郎。	绍，太子少师。	弘。							
				协义。							
		季良。									
		才绚，郇王府司马。	求。								

			回。	正名。							
			由，金吾将军。	士英，监察御史。							
			韶，明州刺史。	大冏。							
			婴，郑令。	士南，万州刺史。							
				士文，秘书少监。							
		安石，相武后、中、睿。	陟字殷卿，吏部尚书、郇国公。	士赡。							
				允，吏部员外郎、颍州刺史。	同元。						

					同训。						
					承素，昭义节度判官。	瑝，国子祭酒。					
						琏字礼卿。					
						琡，工部尚书、少府卿。	纮，都水使者。				
			斌，临安太守。	衮，驾部员外郎。	同懿。						
					同休。						
					同宪。						
				逢。	同翊字						

					启之。						
				曼。							
				沨，洛阳令。							
				襄。							
				甹。							
				凛，朗州刺史。							
				况，谏议大夫。							
			玢，司农卿。								
		季弼。	廉，考功员外郎。	肃。							
				端。	缜。						

					纾。						
	琨字玄理，太子詹事、武阳贞侯。	畅。	抗，刑部尚书，谥曰贞。	翘，同州刺史。							
			拯，户部郎中。	演。							
		展，少府监主簿。		浣，阆州刺史。							
		幼平，金部员外郎。	抱贞，梓州刺史。	鲠。	清。	磻，司封郎中、太原河东行军司马。	滂，汝州录事参军。				
						潘字游					

						之。				
				政，雒丞。	丹字文明，武阳郡公。	置。				
						宙，岭南节度使、检校左仆射、同中书门下平章事。	蒙，河南府司录参军。			
							临，京兆府司录参			

							军。				
						审，大理评事。	瓒，胙城尉。	镡，宛丘令。			
							政实，河中府士曹参军。				
		调。		崟，陇州刺史。							
		翼字从善，太府卿、武阳平公。	慎习。								
			恂如。								
			悟微。								

	璲，仓部郎中。										
	瑜，歙州刺史。										

南皮公房：安城侯胄次子愔。愔七代孙景略，后周骠骑将军、右光禄大夫、青州刺史。生瓒，隋仓部侍郎、尚书右丞、司农卿、南皮县伯，四子：叔谐、季武、叔谦、季贞，因号南皮公房。瓒从子元逊，从祖弟子述。

叔谐，库部郎中。	福字玄福，绥州刺史。	凑字彦宗，彭城文公。	见素，相玄宗。	倜，给事中。	颂，库部郎中。	损，初名谌。					
				谔，给事中。							
				益，工部员外郎。	颢，兵部员外郎。	辽字鹏举。					
				晰，光禄少							

				卿。							
	玄奘。	光乘，朔方节度使、卫尉卿。	偎，江西观察使。	良。							
				放。							
			伦，太子少保。	敦。							
				徵。							
			俛，卫尉少卿。	正己。							
季武，主爵郎中。											
叔谦，考功郎中。	知人，司戎大夫。	维字文纪，右庶子、南皮县公。	虚心，工部尚书。	有方，左司员外郎。							

			虚舟，刑部侍郎。	有象。							
		纵。	虚受，通州刺史。								
			昭理，常州刺史。								
		缜。	幼成，山南采访使。								
			幼卿，洛阳令。	翃，侍御史。	词字践之，湖南观察使。	宪字持之。					
			幼奇，楚丘令。								
			幼章，楚州刺史。								

			纲字纲，初名绍，陈王傅。	豫，麟游尉。	弯，魏州参军。						
				巽，三水主簿。	沇，缑氏尉。						
					浚。						
				咸，汴州司户参军。	武。						
				观，洛阳尉。							
元逊。	玄泰，度支郎中、陕州刺史。	光，资州刺史。									
		坚。	佶，舒州刺史。								

述。			铿，考功郎中。	少游，吏部郎中。	复，建州刺史。						
				少华，中书舍人。							

驸马房：东眷穆四代孙自璧，自璧四代孙延宾。延宾三子：璋、福、议。至温，诸子尚主者数人，因号驸马房。

璋。		岌。	玄郁。	浚，职方郎中。							
			玄谓。	婴，左金吾将军。							
				颢，太子仆。							
			玄诞。	瑗，司勋郎							

				中。							
				提，宗正少卿。							
福。		昌，左骁卫大将军、普安公。									
议。	仁，隋坊州刺史、恒安县公。	弘庆。	玄希。	淮，光禄少卿、曹国公。							
				濯，太仆卿、驸马都尉。	会，太子赞善大夫。	鹔。					
						雕。					
						鹗。					
			玄瑾。	涉，太仆少							

				卿。							
		弘度。		淑，卫尉少卿。	藏锋。						
		弘表，曹王府典事。	玄俨，邢州刺史、博城县公。	灌。	构，太仆少卿、鲁国公。						
					播，吏部郎中、宋国公。						
				温，相中宗、殇帝。							
				湑字润甫，左羽林大将军。	捷，秘书少监、驸马都尉。						
			玄贞，豫州	洵。							

			刺史。								
				浩。							
				洞。							
				洮。							
		弘素。	玄昭。	浚，卫尉少							

龙门公房：安城侯胄次子愔，愔生达，达六世孙挺杰，后周抚军将军、平州刺史。二子：遵、通。遵，骠骑大将军、晋州大总管府长史、龙门县公，因号龙门公房。通生善嗣。

善嗣，上谷郡太守。	崇德，太子谕德。	会。	仲昌，京兆少尹。	渐。							
				浼，一名莓，巴州刺史。	执中，泉州刺史。						
					执谊，相	曙。					

					顺、宪。						
						暲字宾之，郑州刺史。					
						昶字文明。	布震字熙化。				
						旭字就之。					
			叔昂，左司郎中。	汎。	万。	古。	遐字思永。				
			伯详，考功郎中。								
		弼字国桢，商州刺史。	伯阳字春，仓部郎中、	建字正封，秘书监。	宗卿，侍御史、户						

			北都副留守。		部员外郎，以季庄孙继。						
				迢，岭南节度行军司马。	夏卿字云客，太子少保。		延范字承之。				
						璋字宜之。					
					周卿。						
					正卿。	珩。					
						瓘字茂弘。					
				造，大理评事。							
			季庄，扶风								

			郡太守。								
			仲长。								
			叔将，豫州刺史。								

小逍遥公房出自东眷穆曾孙钟。钟生华，随宋高祖度江居襄阳，生玄，以太尉掾召，不赴。二子：祖征，光禄勋；祖归，宁远长史。祖归三子：纂、阐、睿。纂，南齐司徒记室参军。曾孙弘瑗，至嗣立更号小逍遥公房。

弘瑗，隋武阳令。	德伦，任丘令。	思谦，相武后。	承庆字延休，相武后。	晋，常州刺史。							
				长裕，祠部员外郎。	当，富平令。						
			嗣立字延构，相武	孚，左司员外郎。							

			后、中宗。								
				恒，陈留太守。	懿，韶州刺史。						
				济，冯翊太守。	士模，彭州刺史。						
					逢，虞部员外郎。	贞伯，给事中。	尚敬字执勇。				
						成季，兵部郎中。					
					士勋，河南少尹。						
					涵，邵州刺史。						

				史。							
			淑，安州都督。								
		仁慎，驾部郎中。	奉先，金部郎中。	浚，梓州刺史。							
	知止，库部郎中。		嗣业。	希。	朗。						
				损。	常。						

又有京兆韦氏。

宗立。	式。	匡范字廷臣。									
		昭范字宪之。									
		昌范字禹	用晦。	彀字唐后。							

		筹，考工郎中。									
		贻范字垂宪，相昭宗。									

又有京兆韦氏。

绶。	逄。	昭度字正纪，相僖宗、昭宗。									

韦氏定著九房：一曰西眷，二曰东眷，三曰逍遥公房，四曰郧公房，五曰南皮公房，六曰驸马房，七曰龙门公房，八曰小逍遥公房，九曰京兆韦氏。宰相十四人。平齐公房有保衡、弘敏；东眷有方质；逍遥公房有贯之、处厚、待价；郧公房有巨源；南皮公房有见素；驸马房有温；龙门公房有执谊；襄阳有思谦、嗣立；京兆有贻范、昭度。

郭氏出自姬姓。周武王封文王弟虢于西虢，封虢仲于东虢。西虢地在虞、郑之间，平王东迁，夺虢叔之地与郑武公，楚庄王起陆浑之师伐周，责王灭虢，于是平王求虢叔裔孙序，封于阳曲，号曰郭公。“虢”谓之“郭”，声之转也，因以为氏。后汉末，大司农郭全代居阳曲，生蕴。蕴生准、配、镇。镇，谒者仆射、昌平侯。裔孙徙颍川。

育，北齐黄门侍郎。	处范，诸城丞。	待举，相高宗。	泰方。								
			泰初。	润，起居舍人。							
				纳，陈留采访使。	赉。						
					谟。						
					霸。						
						冏，监察御史。					

华阴郭氏亦出自太原。汉有郭亭，亭曾孙光禄大夫广智。广智生冯翊太守孟儒，子孙自太原徙冯翊。后魏有同州司马徽，徽弟进。

徽。	荣，隋大将军、蒲城公。	福善，兵部侍郎。									
	弘道，同州刺史、郜国公。	敬君。	依仁，沁州刺史。								
		广敬，左威卫大将军。									
进。		履球，金州司仓参军。	昶，隋凉州法曹。	通，美原尉。	敬之字敬之，吉、渭、寿、绥、宪五州	子琇。	晔。				

					刺史。						
						子仪字子仪，相肃、代、德三宗。	曜字曜，太子少保、太原孝公。	锐，嘉王府长史。			
								锋，光禄少卿。			
								链。			
								锜，京兆仓曹军。	琇，庶子。	唐夫，汜水令。	轸，检校兵部尚书。
											苹，凤

翔少尹。										
轺，太子率更令。										
复，虞乡令。										
	景初，双流令。	珙，度支给纳使、户部尚书。								
	汉夫，凤翔功曹参									

										军。	
										磻，成州刺史。	
										尧夫，直罗令。	
											辇，太原少尹。
											庆裕，新繁令。
									琮，濮州刺	端夫，太原	彦崇，上津

									史。	令。	令。
											在徽，卫尉少卿。
											在岩，三水令。
											在微，右千牛统军。
									珮，通州刺史。		
									璆，检校右仆		

绩，天

绅，右赞善大夫。

栖颖，太子司议郎。

封颖，简州刺史。

巢颖，著作郎。

射。

										兴令。	
										绲，右金吾将军。	
										总，尚辇奉御。	
										纮，秘书丞。	
										缋，太子家令。	
							盱，鸿胪卿同				

							正。				
							晞，工部尚书。	钧，工部侍郎。	承嘏复卿，刑部侍郎。		
								钢，监察御史。			
								鍊，太常丞。			
								鉷。			
								銶。			
								鏶。			
								镶。			
							胐，试				

							鸿胪卿。				
							晤字晤，兵部郎中。	鋿，栎阳尉。			
								锠，咸阳尉。			
								钎，试奉礼郎。			
								钰，京兆府功曹参军。			

鉼，京兆府户曹参军。	键，太仆寺主簿。	镫，试殿中监。	鐇，万年尉。	锬。	鋂，云阳丞。

		仲文,秘书少监。	仲恭,殿中监、驸马都尉。
镇,太子宫门丞。	铸,左庶子。	钊,卫尉少卿。	
	暧,左散骑常侍,驸马都尉。		

尉。	仲词，检校殿中少监、驸马都尉，袭太原郡公。	仲谦，卫尉少卿。	仲翊，通事舍人。

仲宣，河东令。	仲武，朗州刺史。	仲元，以外孙沈氏为嗣。	
		钬字利用，检校户部尚书、驸马都尉。	铦，太子詹事。

		锻，度支荆襄水陆运判官。	铣，试太常主簿。
曙，右金吾将军、祁国公。	暎，右庶子、寿阳男。		

			铨，武宁节度使。								
			铤，太仆卿。								
			锬，光禄卿。								
		处严，龙门令。									
		处殷，易定节度副使。									
		处弘，									

									方义令。		
									言扬，监察御史。		
									宗识，合肥令。		
									江，潮州刺史。		
										说，丹州录事参军。	
										谦，同	

州司法参军。	就，河中府户曹参军。	庠，度支安邑院官、检校虞部郎中。	嗣立，富平令。

				苗，生昭文，字子龙。
弘业，右金吾将军。	元锓，通事舍人。	行贯，著作郎。	涓，沔阳令。	知微，康州刺史。

		仁寓，常熟令。									
					子云，左领军将军。						
					子晤，渭北节度使、检校右仆射。						
				晛，武协律郎、晋阳男。	子瑛，延州司法参军。						

						子珪。					
						幼贤，副都护。	昉，试太子中舍。				
							晓，试左卫率府兵曹参军。				
							旼，邠宁节度使。				
							旸，右庶子。				
						幼儒字幼儒，	昈，协律郎。				

						成都少尹。					
							暄，河南丞。				
							晊。				
							暤。				
							晠。				
							晖。				
						幼明，少府监、太原公。	煦，鸿胪少卿。				
							晅。				
							昕，检校左仆				

射、碛西节度，谱云：子云子。	皓，兼殿中侍御史。	暭。	幼冲，晔。太子詹事。	晦。	幼谦。

昌乐郭氏亦出自太原。后汉郭泰，字林宗，世居介休，司徒黄琼辟太常，赵典举有道，皆不应，世称为郭有道。裔孙居魏州昌乐。唐有济州刺史善爱。

善爱。	元振，相睿宗。	晟。										
		鸿。										
		鹏，左骁卫将军。	珹，兵部员外郎。									
		仲翔，代州司户参军。										

中山郭氏居鼓城。唐有正一，相高宗。生忠，通事舍人。

郭氏宰相四人。待举、子仪、元振、正一。

武氏出自姬姓。周平王少子生而有文在手曰“武”，遂以为氏。汉有武臣，为赵王。梁邹孝侯臣，生德。德生东武亭侯最。最生敬襄侯婴。婴生中涓、济阴侯山附，后以酎金国除。山附生陈留太守、内黄侯都。

都生汝南太守宣，字文达。宣二子：尚、浮。浮字元海，司徒、左长史。生临漳令静，字伯济。静生烈，字文照。烈生光禄勋笃，字猗伯。笃生太常、中垒校尉悌，字周笃。悌生九江太守、临颍侯端。端生魏侍中、南昌侯周，周三子：陔、韶、茂。陔字元夏，晋左仆射、薛定侯。陔生太山太守、嗣薛侯越。越生威远将军、嗣薛侯铺。铺生太子洗马踞。踞生洛州长史、归义侯念。念生平比将军、五兵尚书晋阳公洽，别封大陵县，赐四五十顷，因居之。生祭酒神龟。龟生本州大中正、司徒越王长史、袭寿阳公克己。己生北齐镇远将军、袭寿阳公居常。常生后周永昌王谘议参军俭。生华。

华，隋东都丞。	士棱，司农少卿、宣城公。	君雅。	敬真，太子洗马。						
			敬宗。						
	冲字士让，太庙令、楚僖王。	怀亮。							
		守官字惟良，始州刺	攸宜，冬官尚书。						

		史、建安郡王。									
			攸绪，扬州长史。	若讷。							
		怀道，右监门长史。	攸暨，相中宗。	崇敏字正卿。							
				崇行。							
			攸宁，相武后。	文瑛。							
				荀瑛。							
		弘度字怀运，魏州刺史、九江郡王。		胜。	充字虚受。	典。					
						异。					

						愿。					
			攸归，九江王。		良臣，商州刺史。						
			攸止，恒安王、司宾卿。	昕忠，鸿胪卿。							
				信忠，秘书监同正。							
			攸望少府监、蔡公。		彻，洋州刺史。						
				温慎。							
	士逸，始州刺史、鄚国节公。	志元，仓、库部郎中。	懿宗，河间王。	震，殿中监。							
				益，试太子							

				中允。							
			嗣宗，蒲州刺史、管公。	琗。							
				环。							
		仁范，云阳令、河间郡王。	尚宾，河间王益王府长史。								
			重规，高平王、礼部尚书。	成卿。							
				成艺。							
			载德，千牛大将军、颍川武烈王。	甄字平一，考功员外郎、修文馆	集，梓州刺史。						

				直学士。							
					备，殿中侍御史。						
					就字广成，润州司马。	谭，金坛令。					
						元衡字伯苍，相宪宗。	翊黄字坤舆，大理卿。				
					登，江阴令。	儒衡字庭硕，中书舍人。	筹。				
							忱字希				

							玄。				
				敬。							
		安业，零陵令。	求己，太子仆、少卿。								
	士彟，工部尚书、应国公。	元庆，宗正少卿。	审思，申王。								
			再思，宫门郎、蔡王。								
			三思，相武后、中宗。	崇训，高阳王、驸马都尉。	继植，左卫将军。						
				崇谦，光禄卿、梁公。							
				崇烈，新安							

				王、尚乘奉御。							
				崇拗。							
				崇操。							
		元爽，虞部郎中、少府监。	承嗣，相武后。	延基，右羽林将军。							
				延义，嗣魏王。							
				延安，光禄卿、邢公。							
				延寿，卫尉少卿、燕公。							
				延光。							

				延秀，驸马都尉、恒公。							
			承业，骁卫大将军。	延晖，驸马都尉、陈公。		恽。					
						斌。					
				延祚，光禄少卿、郜公。							
				延嘉，秘书少监、莒公。							

武氏宰相五人。攸暨、攸宁、元衡、三思、承嗣。

骞氏出自孔子弟子闵损，字子骞，其孙文，以王父字命氏。后汉质帝时有骞宏，字弘伯，避地允吾，为金城别驾，封金城侯，子孙因家焉。裔孙弡，晋将军、平阳郡太守。二子：白、昊。白四世孙敬，字宗之，后魏奉朝请、金城郡守、尚书库部郎中、征南将军、金城侯、散骑常侍、和州刺史。一子成，裔孙行本，唐灵州都督长史。弡五世孙威。

威，后魏鄀州刺史、隰成公。			直，华州长史。	味道，相武后。	慎金。						
					辞玉。						
					公胤。						

骞氏宰相一人。味道。

沈氏出自姬姓。周文王第十子聃叔季，字子揖，食采于沈，汝南平舆沈亭，即其地也，《春秋》鲁成公八年为晋所灭。沈子生逞，字循之，奔楚，遂为沈氏。生嘉，嘉字惟良，二子：尹丙、尹戌。尹戌字仲达，奔楚隐于零山，为楚左司马。生诸梁，诸梁字子高，亦为左司马，食采于叶，号叶公。二子：尹射、尹文。尹射字修文，为楚令尹，旬日亡去，隐于华山。二子：尹朱、尹赤。尹赤字明禋，生郢。郢字文明，召为丞相，不就，生平。平字俊之，封竹邑侯，生遂。遂字佐时，秦博士。生倧，字文甫，左庶长、竹邑侯，生遵。遵字伯吾，汉齐王太傅、敷德侯，徙居九江寿春。二子：盛、达。达字伯弘，骠骑将军。生乾，字仲元，尚书令。生泓，泓字元良，南阳太守、彭城侯。生勖，勖字子衡，扬武校尉、镇军将军。三子：嵩、奋、奉。奋字仲异，御史中丞。生格，格字仲悌，将作大匠。生谦，谦字文恭，御史中丞。生靖，靖字文光，济阴太守，避王莽之难，隐居桐柏山。三子：勋、戎、台。戎字威卿，后汉光禄勋，以九江从事降剧贼尹良，封为海昏侯，辞不就，徙居会稽之乌程。灵帝分乌程为永安县，孙皓分吴郡为吴兴郡，晋改永安为武康，即为郡人。戎生四子：丰、懿、齐、恭。丰字圣通，零陵太守。四子：浒、仲、高、景。景，河间相，生彦。彦裔孙君谅。

君谅，相武后。		超。	崧字文甫。								

沈氏宰相一人。君谅。

苏氏出自己姓。颛顼裔孙吴回为重黎，生陆终。生樊，封于昆吾。昆吾之子封于苏，其地邺西苏城是也。苏忿生为周司寇，世居河内，后徙武功杜陵，至汉代郡太守建，徙扶风平陵，封平陵侯。三子：嘉、武、贤。嘉，奉车都尉。六世孙南阳太守、中陵乡侯纯，字桓公。生章，字孺文，并州刺史。五世孙魏东平相、都亭刚侯则，字文师。四子：恬、愉、遁、援。愉字休豫，晋太常光禄大夫、尚书。七世孙彤。二子：雅、振。

振。	世长，谏议大夫。	良嗣，相高宗。	践言，秘书监。	务寂，梓州刺史。							
				务升。							
			践峻。		震，驸马都尉。						
				彦伯，驸马都尉。							
			践义。	务廉。							
			践节。			檀，太府卿。					

魏都亭刚侯则第三子遁八世孙绰，周度支尚书、邳公。生威。

威，隋左仆射、房公。	夔，隋鸿胪少卿。	勖，吏部侍郎、驸马都	均，虔州刺史。	儁。							

		尉。									
			干，工部尚书。	献，驾部郎中。							
			昱，济州刺史。								
		亶，台州刺史。	瓌字廷硕，相中宗、睿宗。	颋，相玄宗。	善。	易，黄州刺史。	系，滁州刺史。	赞字延卿。	虔字执仪，国子司业。	震，河南尹。	敦。
											发。
											教。
											彻。
											墩。
											政。
											俨。

				冰。							
				洗，给事中、魏县男。		奕，光州刺史。					
				乂，京兆少尹。	复。						
					妙，泉州刺史。						
				颍。	盈，嘉王傅。						
					炎。						
				颜，淮安太守。	宽。						
			琛，广州都督。	炯。							

				韪，骁卫将军。							
	季子。	澄，沁州刺史。	绾，工部郎中。								
			纭。								

赵郡苏氏出自汉并州刺史章之后，因官居赵州。

味道，相武后。	佃，膳部员外郎。										
	份。										
	倜，兖州刺史。										
	俒，职方员外郎。										

味玄，膳部员外郎。	偡。	汭。									
		淮。									
		汤，郴州刺史。									

又有武功苏氏。

迢。	蒙。	检字圣用，相昭宗。									

苏氏宰相五人。良嗣、瓌、颋、味道、检。

范氏出自祁姓，帝尧裔孙刘累之后。在周为唐杜氏，周宣王灭杜，杜伯之子隰叔奔晋为士师，曾孙士会，食采于范，其地濮州范县也，子孙遂为范氏。至后汉博士滂，世居河内。唐有履冰。

履冰，相武后。	冬芬，宣州刺史。										履冰裔孙，隋丽水丞。

范氏宰相一人。履冰。

邢氏出自姬姓。周公第四子封于邢，后为卫所灭，子孙以国为氏。世居滁州全椒。唐有内史文伟，相武后。

邢氏宰相一人。文伟。

傅氏出自姬姓。黄帝裔孙大由封于傅邑，因以为氏。商时虞、虢之界，有傅氏居于岩傍，号为傅岩。盘庚得说于此，命以为相。裔孙汉义阳侯介子始居北地。曾孙长复，封义阳侯。生章，章生睿，睿生后汉弘农太守允，字固。二子：嘏、松。嘏字兰石，魏尚书仆射、阳都元侯。十一世孙弈，唐中散大夫、太史令、泥阳县男。北齐有行台仆射傅伏武，孙文杰，唐杞王府典军。

清河傅氏出自后汉汉阳太守壮节侯燮，字南容。生干，字彦林，魏扶风太守。生晋司棣校尉、鹑觚刚侯玄，字休弈。生司隶校尉、贞侯咸，子孙自北地徙清河。裔孙仕魏为南阳太守，生交益。

交益，殿中侍御史。	元淑，地官侍郎、冬官尚书。	伯玉。									
		黄中，司勋郎中。									
	依仁。	延嗣，侍御史。									
	游艺，相武后。										

傅氏宰相一人。游艺。

史氏出自周太史佚之后，子孙以官为氏。汉有鲁国史恭。三子：高、曾、玄。高，大司马、乐陵安侯。二子：术、丹。丹，左将军、武阳倾侯。孙均，均子崇，自杜陵受封溧阳侯，遂为郡人。崇裔孙宋乐乡令瓌。

瓌。								务滋，相武后。	惟肖，清河令。		
										翙，御史大夫。	

史氏宰相一人。务滋。

宗氏出自子姓。宋襄公母弟敖仕晋，孙伯宗为三卿所杀，子州犁奔楚，食采于钟离。州犁少子连，家于南阳，以王父字为氏，世居河东。

明，隋司隶刺史。	岌，魏王府记室、巴西主簿。	秦客，相武后。									
		楚客字叔									

		敖，相武后、中宗。									
		晋卿，司农卿。									
		郑卿。									

宗氏宰相二人。秦客、楚客。

格氏出自允格之后。汉有御史班，裔孙显。

显，后魏青州刺史。			德仁，隋剡丞。								
			处仁。	希玄，洛州司法参军。							
				辅元，相武遵，殿中							

				后。	侍御史。						
					逵。						

格氏宰相一人。辅元。

唐书卷七四下
表第一四下

宰相世系四下

欧阳氏出自姒姓。夏少康庶子封于会稽，至越王无强为楚所灭，无强子蹄更封于乌程欧余山之阳，为欧阳亭侯，遂以为氏。后有为涿郡太守，子孙或居渤海。晋顿丘太守建为赵王所杀，兄子质，字纯之，居长沙临湘。七世族孙景达，字敬远，齐本州治中。生荔浦令僧宝，字士章。僧宝生梁阳山穆公頠，字靖世。頠二子：纥、约。

纥字奉圣，广州刺史。	询字少信，率更令、渤海县男。	长卿。								

		肃。	颢。								
		伦。									
		通字通师，相武后。	幼明字仲廉。	昶字子愿，渤海子。	璟字崇文，候官令。						
					琮，吉州刺史。	琮八世孙万，安福令。		雅字正言。	效字德用，韶阳簿。	谟。	邺。
										托字达明。	鄠。
											郴。
											邦。
									远。	铉。	
								楚。		鄂。	

									成。		
			幼让。								
	亮。										
	德。										
	器。										
约。	胤，光州刺史、南海郡公。	谌，巩令。	祯。		何。						
					价。						
			机，什邡令。	琟字琟，商州刺史。	嵩。						
					仑。						
					峰。						

欧阳氏宰相一人。通。

狄氏出自姬姓。周成王母弟孝伯封于狄城，因以为氏。孔子弟子狄黑裔孙汉博士山，世居天水。后秦乐平侯伯支裔孙恭，居太原，生湛，东魏帐内正都督、临邑子。孙孝绪。

孝绪，尚书左丞、临颍男。	知俭，江阴令。										
	知本，营州司马。	仁珪。									
		仁权。									
	知逊，越州刺史。	仁杰字怀英，相武后。	光嗣，户部郎中。		博通。	玄范。					
			光远，州司马。								
			光昭字子亮，职方员								

			外郎。								
		仁贞。									
		仁节。									
		仁恪。									
		仁矩。									

狄氏宰相一人。仁杰。

袁氏出自妫姓。陈胡公满生申公犀侯，犀侯生靖伯庚，庚生季子惛，惛生仲牛甫，甫生圣伯顺，顺生伯他父，他父生戴伯，戴伯生郑叔，郑叔生仲尔金父，金父生庄伯。庄伯生诸，字伯爰，孙宣仲涛涂，赐邑阳夏，以王父字为氏。宣仲生选，选生声子突，突生惠子雅，雅生颇，奔郑。秦末，裔孙告辟难居于河、洛之间，少子政，以袁为氏。九世孙袁生生玄。孙干，封贵乡侯，复居陈郡阳夏。八世孙良，二子：昌、璋。昌，成武令，生汉司徒安，字邵公。三子：赏、京、敞。京，蜀郡太守，二子：彭、汤。汤字仲河，太尉、安国康侯。三子：成、逢、隗。成，左中郎，生绍，绍中子熙，其后世居乐陵东光。熙裔孙令喜。

令喜，同州 持中。	异弘，泸州 参军。	恕己，相中 宗。	建康，淮阳 太守。	高，给中 中。							

	异度，太府少卿。										
	异式，户部郎中。		倜，工部员外郎。	师俭。							
			偁。								

璋生司徒滂，字公熙。滂生涣，字曜卿，魏御史大夫。四子：侃、寓、奥、准。准字孝尼，晋给事中。生冲，字景玄，光禄勋。生耽，字彦道，历阳太守。耽生质，字道和，东阳太守。二子：湛、豹。豹字士蔚，丹阳尹。二子：洵、湛。洵，宋吴郡太守，谥曰贞。二子：觊、觊。觊字国章，宋雍州都督。二子：戬、昂。

昂字千里，梁司空、穆正公。	君正字世忠，吴郡太守。	宪字宪章，隋开府仪同三司，谥曰简。	承序，晋王友、弘文馆学士。								
			承家，隋给事中。								

		颍，后周骠骑大将军。	子温字君恪，隋左卫大将军。	士政，南州刺史。	伦，当阳宁令。	知玄，石州司马。	晔，咸宁令。	滋字德深，相宪宗。	炯，江陵户曹军。		
									实，河中功曹参军。		
									均，太子典膳郎。		
									都字之美，右拾遗。		
									郊字之乾，虢州刺		

								史。			
		枢字践言，陈仆射，谥曰简懿。	朗，给事中、汝南男。		谊，苏州刺史。						
	敬字子恭，陈特进，谥曰靖德。	元友，隋内史舍人。	利贞，祠部员外郎。	斌，太子典膳丞。	导，左补阙内供奉。	光裔，扬府别驾。	弘休，亳州司户参军。				
						光辅，沔州刺史。	昌复，宋城主簿。	匡符，合州刺史。			
							敦复，采石军判官。	蕃，桂管观察支使。			
								谒，黔			

								令。			
								蔚，淮南节度副使。			
								薰。			
	泌，陈兼侍中，谥曰质。	方华。									

河东袁氏本出陈郡。

智弘，相高宗。		浣，兼御史中丞。									

袁氏宰相三人。恕己、滋、智弘。

姚姓，虞舜生于姚墟，因以为姓。陈胡公裔孙敬仲仕齐为田氏，其后居鲁，至田丰，王莽封为代睦侯，以奉舜后。子恢避莽乱，过江居吴郡，改姓为妫。五世孙敷，复改姓姚，居吴兴武康。敷生信，吴选曹尚书。八世孙僧垣，隋开府仪同三司、北隆公。二子：察、最。

察，隋太子内舍人，袭公。	思廉，左散骑常侍、修文馆学士、丰城康男。	憕字处平，豫州司户参军。	琦字令璋，相武后。	昌演，谏议大夫。							
				昌沛。							
			琎，户部尚书。	昌原。	体权。						
				昌润，宣州刺史。	循棣。	殷觌。					
					乔栵，将作少监。						
				昌温。	齐梧，左						

					金吾大将军。						
				昌济。							
		恽，符宝郎，袭丰城公。	敬文。	行表，郢王府司马。	崇桂，太子司议郎。	希齐，湖州司功参军。	弘庆字引之，苏州刺史。	玉斧。			
								孟瑜。			
								畹，泗州参军。			
								畴。			
								瞵。			
最，蜀王友。	思聪，左庶子。	慎盈，寿州刺史。									

					绩，曲沃令。	玄，宋城令。	发，右领军卫将军。	南仲，右仆射。	衮，太仆寺主簿。		
								亮。			

陕郡姚氏亦出自武康。梁有征东将军吴兴郡公宣业，生安仁，隋汾州刺史。生祥。

祥，隋怀州长史，检校函谷都尉。	懿字善意，巂州都督、文献公。	元景，潭州刺史。	孝孙，壶关令。								
		元之名崇，相武后、中、睿、玄。	彝，邓、海二州刺史。	闾，越州长史。	系，门下典仪。						
					俣，太常寺太祝。						

				阆，郫令。	倍，须山令。						
					伦，扬州大都督府仓曹参军。						
					但。						
				阓，贵乡令。	侑，黄梅令。	承宗。					
						珙，霍山令。					
					伾。						
				闶，太子司议郎。							
				辟，河南	偁，泾主	勖，谏					

				丞。	簿。	议大夫。					
					偕，监察御史。	烈，殿中侍御史内供奉。					
			异，大理卿。	闳，左拾遗。	怦，宝应令。	丹，陆浑令。	增，荥阳令。				
							均，金华令。				
							蕴，大理司直。	颋，浙西馆驿巡官。			
								圭，南昌主			

			簿。								
			进。								
					浼，楚丘令。						
					温，尉氏令。						
						梧，襄王傅。					
						憎，淮宁节度押衙，摄邓州刺史。					
						惇，朝城令。					
						愓，华原					

					令。						
				闬。	恬。						
					憕。						
				阀，洛州参军。							
			弈字弈，永阳郡太守。	阐，侍御史。	恒，都水少监。						
					恺。						
					协，松阳令。						
					愐，右监门率府兵曹参军。						
					忱，恒王						

					府主簿。						
					恽，左千牛卫兵曹参军。						
		元素，宗正少卿。	弁，楚州长史。	闲，润州司户参军。							
				訚，睢阳太守、右金吾将军。							
			冯，通事舍人。	阇，余干丞。							
				论，豫州司户参军。							
			算，鄢陵令。	闬，临河令。	合，秘书监。						

姚氏宰相二人。琦、元之。

娄氏出自妘姓。夏少康裔孙东楼公封于杞，为楚所灭，子孙食邑于娄，因以为氏，城阳诸县有娄乡是也。

师德，相武后。	思颖，介休令。	志学，千乘令。									
			图南。								

娄氏宰相一人。师德。

豆卢氏本姓慕容氏。燕主廆弟西平王运生尚书令临泽敬侯制，制生右卫将军北地愍王精，降后魏，北人谓归义为“豆卢”，因赐以为氏，居昌黎棘城。二子：丑、胜。

丑。		苌。	永恩。	通。	宽，礼部尚书、芮定公。	承业，领军将军。	钦望，相武后、中	灵昭，宣州刺史。	器，桑泉令。	鹗。	署字正名，河南少

							宗。				尹，中牟县男。生者，修武主簿；求，虔州参军。
							钦爽，光禄少卿。		参，右卫将军。		
									回，京兆少尹。		
									友，万年令。		
											籍，左

											司郎中兼侍御史,知杂事。
							钦肃。				
						怀让。	贞松,宗正卿,中山公。	光祚。	建,驸马都尉。		
						方则。	玄俨。	至静。			
胜。	鲁元,后魏太保、襄城公。				达,殿中监、灵寿公。	仁宗。					
							子骞,监察御史。				
		陆浑。				祥。	让。		抯。	郑麟。	

		卫大将军、谯敬公。	卫将军、驸马都尉、谯襄公。	刺史。	州刺史。						
				励言字仲玉，少府少监、汝南恭男。	先义，左金吾将军。						
					先孝，左羽林军长上。						
	炅字法明，黄州总管、道国公。		恽，梁令。	沛，左拾遗。	颋，左骁卫兵曹参军。	墀字德升，相宣宗。	宽饶，崇文馆校书郎。				
							咸喜，				

							京兆府参军。				
							承规字遐庆。				
							承矩字后庆。	泳字应祥。			

周氏宰相二人。允元、墀。

吉氏出自姞姓。黄帝裔孙伯倏封于南燕，赐姓曰姞，其地东郡燕县是也，后改为吉。

哲，易州刺史。	顼，相武后。	浑，司勋郎中。									
	琚，鄠令。	温，武、礼二部侍郎。									

吉氏宰相一人。项。

顾氏出自己姓。顾伯，夏商侯国也，子孙以国为氏，初居会稽。吴丞相雍孙荣，晋司空。雍弟徽，侍中，又居盐官。徽十世孙越，陈黄门侍郎，孙胤。

胤，著作郎、余杭公。	琮，相武后。	润，秘书郎。								
		浚，齐安太守。								

顾氏宰相一人。琮。

朱氏出自曹姓。颛顼之后有六终，产六子，其第五子曰安。周武王克商，封安苗裔侠于邾，附庸于鲁，其地鲁国邹县是也。自安至仪父十二世，始见《春秋》。齐桓行霸，仪父附从，进爵称子，桓公以下，春秋后八世而为楚所灭，故子孙去“邑”为朱氏，世居沛国相县。前汉大司马长史诩生浮，字公叔，大司马、大司空、新息侯。生下邳太守永，永九世孙吏部尚书尚，尚生质，司徒。质二子：禹、卓。禹，司隶校尉、青州刺史，坐党锢诛，子孙避难丹杨，丹杨朱氏之祖也。卓生扶风太守翻，翻生上洛太守越，越字元胜。越八世孙丞相行参军询。二子济，济生冲，冲生威则，散骑常侍、给事中。生腾，字龙怀，陈郡太守。三子：宪、斌、绰。绰字祖明，西阳太守。二子：龄石、超石。腾裔孙建，后周太子洗马。生僧宁，隋睢阳太守。生操。

操，上开府。	仁轨字德容，孝友先生、太子洗马。	景，右卫率府兵曹参军。	守乾，卫尉丞。	子羔。							
			守环，金吾卫大将军。	子诜。							
				子转，沂州参军。	重愔。	伸。	元。				
							播时。	涣。			
								会。	坚。		
									潜。		
									言。		

								洌。	训。	澹。	
										龟从。	
										牢。	
						傪。	彦时。	亚。	修己。		
									绾。		
									亶。	阮。	
										迎。	
										光序。	
									岩。		
								余。	常。	归道。	
										浚。	
										鹤。	
								党。	从。		
									巳治，九门		

									令。		
									可芝，右门主簿。		
									贞。	危。	
										延龟。	
										延诩。	
							齐时。				
							康时。				
							佐时。				
							厚时。				
						倜。					
						偊。	立少。				
							恒生。				
							素文。				

							珂。				
					重宽。						
					重邦。	公弁。					
					重诲。	少伯。					
						志宏。	惠。	琼。			
							干。	整。	芝。		
							瑄。	图。			
							玠。	顼。	悛。		
									正奇。		
									瞻。		
									觊。		
						志方。					
						志才。					
				子钦。							
		晕。	守言，海州								

			文学。								
			守信。	子华。							
		杲，楚州录事参军。	守讷。	子路。							
			守琼，国子监明经。	子岳。							
		徽，洹水令。	守让。	子兴。							
			守谦，零陵尉。	子升，崇仁尉。	郢。	殷衡。					
						毅衡。					
						季。	戡。	讨。			
							液。	部。	受。		
								胐。			
								郅。			

								才。	琳。	应。	
						存。	岸。				
							颍。	翺。			
							寮。				
			守琎。	子恂，睦州录事参军。	元祥。						
					道秀。						
				子金。							
	玘瑨，著作郎、太子典膳郎。	昊，郑州录事参军。	守质，明州录事参军。	子琪。	昭。						
					演。	烈。	耀。	随。			
				子贡。							
				子璋。							
			守泰。	子良。							

		旻，恒王府参军。	守璿。								
			守臣。	子隐。							
				子舆。							
			守登。								
		暹，奉礼郎。	守瑕。								
			守颜。								
		旦。									
	敬则，相武后。	光迪，灵州别驾。	守温，洛阳令。								
			守同，堂阳令。	泳，灵州司马。	省。	躬。	璠。				
				澈，高平令。							

				渙。	重熙。	咏，良乡令。	辅。	积。	宾。	降。	
										琏。	
										确，湖阳令。	颂，河南主簿，生冕、祐。冕生见昌。
											颀。
											顼。
										底。	勋。
											敏。
											姚。
									刘。	葶。	

										骈。	
										驎。	
										瓌，上庸令。	
										廷殷。	
									庠。		
									廓。		
							翼。	佐。			
								偿。	令乃。		
									令希。		
								仲。	咸。	皋。	
										璟。	
										回。	密，工部郎中。

峦，大理评事。	岳，工部尚书。	存古，谷熟令，生华、颍、坤。颍，涟水令，生庆，徐州户曹

参军。庆生景丰，洛州别驾。景丰生仁济、仁祚、仁愿。华，楚州录事参军，生阅，殿中侍御史。阅

生廪，秘书监，生洞。											
知用。	规。										
知柔生涛，涛生选益。											
			傅。								
			僎。								
		仁诲。	衍。	光启，户部尚书。							
		自新。									

	丕。	仁范，《春秋》博士。									
	玮。										
			峤。								
			少昌。	恒春。	奉新。						
		琮。	少京。								
		表。									
		均。									
				恒觐。							
						重胤。					
						重魄。					
					绪。	重制。					
					筠。						
					绍。						

						可南。	实。				
							谏。				
							周。	韬。	辅。		
									弼。		
					重驯。	思。	得一。	忠。	璨。	少连。	
										幼。	知彦，生绚。
											知虔，生义溪。
			守和，奉礼郎。								
			守滔。	涔，殿中监。							

朱氏宰相一人。敬则。

唐氏出自祁姓。帝尧初封唐侯，其地中山唐县是也。舜封尧子丹朱为唐侯，至夏时，丹朱裔孙刘累迁于鲁县，累孙犹守故地，至商，更号豕韦氏，周复改为唐公。成王灭唐，以封弟叔虞，其后更封刘累裔孙在鲁县者为唐侯，以奉尧嗣，其地唐州方城是也。鲁定公五年，楚灭唐，子孙以国为氏，分仕晋、楚。有唐雎，为魏大夫。孙厉，居沛国，汉封斥丘懿侯。生朝，朝生贤，贤生遵，遵生蒙，中郎将。生临邛令都，都生伦，伦生林。林，尚书令，王莽封建德侯。生蔚，国除，徙居颍川。生武威长惠，惠生侍御史赍，赍生大司空珍，珍生会稽太守瑁，瑁生翔，为丹杨太守，因家焉。二子：固、滂。固，吴尚书仆射。生别部司马琼，琼生宣，宣生晋镇西校尉上庸襄侯彬，字儒宗。二子：熙、极。熙，太常丞，娶凉州刺史张轨女，永嘉末，遂居凉州。生辉，字子产，仕前凉陵江将军，徙居晋昌。七子：伯廉、威、季贤、幼贤、孝、达、季礼。威为永世令，生弘。三子：瑶、偕、谘，号“三祖”。

弘字友明，西凉武兴太守。	瑶字昌仁，西凉晋昌太守、永兴侯。	契字永福，伊吾王。	褒字玄达，后魏华州刺史、晋昌公。	茂字兴，散骑常侍、秦州刺	文祖，散骑常侍、大夏郡守。	广贵，谏议大夫。	怀义，仪同三司、宾部大夫。	孝举。			

				史。							
					翼字保相，后魏凉州守。	毅字仲卿，后周骠骑将军、洪和公。	世达，光州守，袭洪和公。	秀实，成州司马，袭洪和公。	行敏，相州别驾、将陵县公。	伏郎，袭将陵公。	绍宗。
											绍图。
									行表。		
									行立。		
									行基。	尚演，汉州司马。	万顷。
										尚愔，亳州司法参军。	万钧。
								文安。			

								文举，隋右千牛。	行端。		
									行直。		
								文豪。			
								文度，郓州刺史、寻阳县男。	处一，南浦令。	同泰，邛州刺史。	
								文寿，雍令。	艺臣，云中兵曹参军。		
									仁俭，左翊卫兵曹参军。		
									怀一。		

									固俭。		
									剑客。		
								文表。			
								文邃，隋国子博士。			
								文寂。			
								文感。	婆伽。		
									思孝，左翊卫兵曹参军。		
									元一，卫州司法参军。		
									思忠，左		

									翊卫。		
							济颍川郡守、阳夏县公。	玄成。			
								玄德，隋亲卫。	义实。		
								玄都。			
								玄通，遂州司马、阳夏县男。	孝约，瀛州参军，袭阳夏县男。		
							世彻，后周郑州刺史、五原郡公。	朝政，隋蓟府郎将。	行满。		

								礼政。			
								修政。			
								弘政。			
							世荣，后周武始郡将。	文哲，隋右卫兵曹参军。	孝让。		
								文律。			
								文廓。			
								文俨。			
								文毓，临城令。			
							世宠。				
							世雅，隋右卫长史。	文协。			

								文琮，东宫勋卫。			
								文会，魏固本令。			
									守一。		
									抱一。		
									敬。		
							世恭，隋左监门将。	文奖，韩州别驾、贵平县男。	善行，光州录事。		
									善言。		
									善见。		
							世慎，隋沁州别	乾盖，博野令。	希一，霍王府户		

							驾、魏平县男。		曹参军。		
								乾肃。			
							世昊。	文褒。	孝赟。		
									孝实。		
								文袭。			
						诠字叔卿，后魏大夏郡守。	仕遵，隋监门直长。	天才。			
								文轨，隋五泉府别将。			
								文实。			
								文智。			

						延澄，开府仪同三司。					
						雄字休彦，和州郡守、安阳公。	绍伯，隋朔州总管。				
							楷字子武，左勋卫将军。	万寿，纯德府果毅。			
								白泽。			
							师，隋左勋卫将军。	太素。			
								太力。			

						具贵，后魏大都督、车骑将军。	世隽。				
							世珍。				
					旭字保光，后周瓜州刺史。	仲璨，秦州守、安乐公。	遐显，隋郃亳二州守、安乐公。	祎。			
								奉义，灵州总管。			
								恽，雍州参军。			
							仕超，隋雍州司	修文，清流令。			

							马、上庸公。				
								奉礼，蒲州录事参军。			
								崇德。			
								行实。			
							仕琰，隋车骑将军、僰道县侯。	孝感，建节尉。			
								孝睦。			
					保建，后周绥夏二州	伯裕，宜城郡守。	崧字怀远，隋宜阳令。	俨。			

					守、姑臧公。						
						伯华，北齐徐州长史。	德宗，隋领勋卫都督、建节尉。	智节。			
								智尧。			
							德俊。	智英。			
								智寂。			
								智深。			
								智亮。			
						询明，隋新州守。	君谟，秦王府虞侯总管。	振。			
								实。			

								日轮。			
								羲和。			
						晟字遵明，隋普济府鹰扬郎将。	世辩。				
							世才。				
							世进，怀旧府别将、龙支县男。	玄静。			
								玄默。			
								玄道，	清珽。		
								水令。	珏。		

									瑗，宕州录事参军。	国昌。	
									玠。		
									璿，淄川尉。	淄川。	
							石师。				
							小师，上骑都尉。	和耆。			
								无竭。			
								文教。			
			纯字玄粹，后魏太原太守。	令世。	灵芝，北齐尚书右仆射、温	邕，尚书令。	羲字君明，隋应州刺史、安富公。	茂伦。			

					国公。						
								茂言，朝请大夫。	嗣宗。		
							鉴，隋雍州太守、晋昌公。	宪字茂彝，云麾将军、安富县公。	思慎，左千牛。		
									思廉，赵王府典军。		
								茂纯，右勋卫将军。	节廉，邠州府左果毅。		
								茂琅。			
								俭字茂	松龄，太		

		常卿。	约，礼部尚书、特进、莒国公。								
	循，奉膳大夫。	蒙，临泾府折冲。									
	睦。										
	践贞，扬州都督府参军。	同人，司农少卿。									
	元珍。										
昕，鸿胪卿。	从心，殿中监。	嘉会，洋州刺史。									
晙，太常少卿。											

											晦。
											晞。
										简心，洛州司录参军。	昭，河南尹。
											曜，宁王府别驾。
										启心，绵州刺史。	晖。
											晤。
											暄，义王府户曹参军。
									善识，驸马都尉。	见日。	

									观字黄若，秘书监。	建初。	
										建亭。	
									波若，赵州司马。	逦。	
									授衣，汝州司马。	恕，扶沟丞。	
										志。	
										愿。	
										懿。	
										怤。	
								敏字季卿，延、濮、青、	守臣，舒王府记室。	玘。	

								汴、邠等州刺史。			
										琎。	
										琰。	暖，通事舍人。
										瑊，郢、陵二州刺史。	
										瑜。	
										瑾。	
										南金。	
									争臣。	玄表，左卫大将军。	思齐，长汀丞。

											思悦，澧州刺史。
											思贞，集州刺史。
										玄逸，鲁王府参军。	思亶，蓝田丞。
											思鉴，成都府兵曹参军。
											思一。
		和，后卫兖州刺史。	钦字孟，陕州守，袭酒泉公。	真欢，龙骧龙将军。	二政，后周安东太守。	规，云州守、酒泉公。	世宗，隋洛阳令。	寿，折冲都尉。	休琰，茂州都督。	思壮，鹑觚令。	诒。

											诲。
										思哲。	
										奉先。	
										游方。	
										释之。	
										去俗，南郑丞。	簒金。
											季鹰。
								俭，霍王府友。	表颙，乐陵令。	涣，凤州司马。	
								谐，咸阳令。	休璟，相中宗。	先慎，陈州刺史。	履洁。
										先择，右金吾将军。	暠。

											旻，汾州刺史。
											昪，亳州刺史。
										修忠，福州别驾。	
										修孝，南郑尉。	
										履直，太原府司录参军。	
								眕，太常博士。	正心，邵州刺史。	颖。	
										会，大理评事。	公羽。

											公重。
										翕。	
	谘字守仁，后魏晋昌太守。	揣字子化，北海太守、晋昌公。	俨字整之，东海太守。	轮字文转，青州太守。	永，后周仪同三司、平寿忠武公。	陵字子云，仪同三司，袭平寿达公。	怡字君长，内史大夫、汉阳公。	誉字承休，殷州太守，袭汉阳公。	有道字立仁，太仆卿。	璿字温忠，安养令。	成构。
										璲字温礼，左屯卫郎将。	延构，黄冈令。
											承构。
											克构。
											履构，宗成尉。
									有方。		

								鉴字承明。			
							懿字君德，隋、相二州刺史。	杰字志文，安乡令。	贞亮字固言，巴、隆二州参军。	嗣本。	
										嗣华，嘉兴令。	
										嗣宗。	同芳。
									嗣之，武连丞。		
									贞松字固本，沂水令。	昭华，亳州司仓参军。	震。
											渐。

											复。
										昭德，洹水令。	咸。
											贲。
										昭训，澧阳尉。	丰。
										昭忠，望都主簿。	济。
										昭明，益都令。	尧卿。
											乔卿。
									贞筠字固节，博州参军。		
									贞质字	昭容，遂	涣。

									固行，上州司马。县令。		
											渥。
										昭献，犀浦尉。	
										昭望，千乘尉。	
										昭彦。	
								爽字志明，相州别驾。	贞操字守直，隆山令。	践正，胙令。	
										履冰。	
									贞泰，祠部员外郎。	越客，荥泽尉。	

									贞敏字守讷，唐隆令。	晓，司勋郎中。	求吉。
											令言。
										晦，吏部常选。	
										昭。	
										暄。	
										昕。	
									贞节。		
									贞观字守礼，霍邑令。	琇，严道丞。	
										欢。	
								英。			

								师字志范。	贞廉字守洁。	遥字君迈，太子中舍。	
										昱，上邽令。	
									贞行字守信，九门令。	暠，临海令。	
										晏，魏州参军。	
										晃，桂州参军。	
							防，工部员外郎。	君侯。			
								贞仪。			

								贞休，鄜州刺史。	诩，唐州司仓参军。		
									诚。	次字文编，中书舍人。	扶字云翔，福建团练使。生峤，字仲申。
											嵩字赞休。
											持字德守，容管经略、朔方昭义节度使，

检校户部尚书。生彦谦，字茂业，河中兴元节度副使，晋、绛、阆、壁四州刺史，号鹿门先生。生涣。											
	欢。										
技字已	款字嘉										

										言，侍御史。	有，刑部郎中。
										欣。	
									谭，国子监丞。	戬，韶州刺史。	
								逊字志顺，简州刺史。			
						瑾字子瑗，后周开府仪同三司、临淄文献公。	诠，车骑大将军，袭临淄公。	大智，崇贤馆学士，袭临淄公。	敬舆。	文徵。	
									知正。		

							谅字君直。			
							则字君宪，太常少卿、项城伯。	推贤字尚直，殿中丞。		
								让德字后己，宋城令。	思忠。	
									思雅。	
									思元。	
							歆字无择，岐州参军。	宝藏。		
								感行。		

							弘字君裕，职方侍郎。	简字本元，河南令。	抱一字玄珍。	寡悔。	
									抱璞字楚珍，雍丘令。	愔。	
									抱素字儒珍，灵丘尉。		
								炎。			
								皎字本明，尚书左丞、益州长史。	如珪字令问，秘书郎。	成宗。	
									如玉字	倩。	

								令德，河南府兵曹参军。		
									伟。	
									偲。	
								不占字思义，金部员外郎。	簴金。	
									南金。	
									缄金。	
									浑金，隰州司户参军。	
								不佞字	训字辞	国华。

									思直，考城令。	金，阳安尉。	
									之武字知言，怀集令。	惇。	
										悰。	
									之奇字知子，给事中。	系。	
										累。	
										繁。	
									遗孝字幼忠，汴州仓曹参军。		

								严字本亲，记室。			
								临字本德，雍州长史、工刑兵礼户吏六尚书。	旦字晓明，太子中舍。		
									晃字正明，晋州长史。	黔。	
										默。	
										黠。	
									景字广	绍字遵	朝御，并

									明，河南府士曹参军。	业，给事中。	府参军。
											宣慈，右武卫将军。
									升字高明，邢州司功参军。		
								亨字本贞。			
							浚字君赜，驾部郎中。	雕题。			

								季友。			
								季札。			
								长仁。			
								叔慈。			
								义谦字奉仁，百泉令。	慎微，合州参军。		
								义友，绛州长史。	言思。		
									进思，乐蟠令。	邕，左勋卫府功曹参军。	
										穆字衷良，通化令。	重昌。

人进。											
重华。	偀字衷和。										
	竦字衷朝，坊州录事。										
	谊字衷洁。										
	悌。										
	敬字衷鲠，将军。										
望见。											
重曜。											
重润。											

											重弼字同节，翊府中郎。
										虔字衷骞。	
										愔。	

唐氏宰相一人。休璟。

唐书卷七五上
表第一五上

宰相世系五上

敬氏出自妫姓。陈厉公子完适齐，谥曰敬仲，子孙以谥为氏。敬仲之后至秦有敬丕，丕生教，为河东太守，子孙因官家焉。裔孙韶，汉末为扬州刺史，生昌，封猗氏侯。昌生归。

归，南凉枹罕太守。		頫，后魏北绛太守。			显儁字孝英，北齐仆射、永安侯。	长瑜，合州刺史。	德亮，隋尚书郎。				
					法延。			仁纲。	彦琮，爱		

		州刺史。									
让，尚舍奉御。	潜晖字仲晔，相中宗。	山松，城令。									
诚，右卫大将军。											
询，比部员外郎。											
逦，主客员外郎。晖曾孙元膺，河南丞。											
	仙客，蔚州刺史。										

					法朗。			君弘,右卫将军、黔昌公。			
									昭道。	羽,道州刺史。	
								播,给事中。		悱,虞部员外郎。	挺,三原尉。生实。
						肃字弘俭,隋颍川郡丞。	昶,许州司马。	则,临汾令。	德,秘书郎。	揖字伯谦,太子家令。	寰,大理评事。
											寓,河清尉。
										擢。	
										括字叔	謇,大理

司直。	弓，御史大夫，谥曰献。										
密渠州刺史。生旷，字日休。											
宽，太子詹事。四子：昕字日观，皞字日新，并右散骑常侍；晦字日											

彰，太子宾客；煦字日强。昕生蒙，字子正，漳浦尉。晦六子：湘，庐州刺史；沆，易定观察支使；潾，宣城尉；濰，陇州防御判官；

淑，凤翔参军；沉，溧水尉。
骞，建州刺史。二子：晤，北都留守判官；晊，江西观察推官。晤生檖，鸿胪丞。檖生馆，馆生

											沼。
											安，大理评事。
										抚，太子舍人。	

敬氏宰相一人。晖。

桓氏出自姜姓。齐桓公之后，以谥为氏。又云，出自子姓，宋桓公之后向魋，亦号桓氏。后汉有太子少傅桓荣，世居谯国龙亢。荣八世孙彝，晋宣城内史。五子：云、温、豁、秘、冲。冲，荆州刺史、丰城公，生嗣、谦、修。修，晋护军将军、长社侯，过江居丹杨。生尹，尹生崇之，崇之七世孙法嗣。

法嗣，郇王府谘议参军。	思敏，少府丞。	彦范，相中宗。									
	臣范，京兆	庭昌，刑部									

	尹。	郎中。									

桓氏宰相一人。彦范。

祝氏出自姬姓。周武王克商,封黄帝之后于祝,后为齐所并,其封域至齐之间祝阿、祝丘是也。后汉有司徒恬,孙羲生广,广为始平太守,子孙留家焉。生魏太中大夫仍,仍生谌,晋骠骑府司马。谌生偃,散骑常侍,以平关中兵寇,封始平县伯。生瑜,瑜生熙,熙生宝,三世袭封。二子:老、归。老,后魏辅国将军、中外都督。二子:猷、俟。

俟,后魏中散大夫、博平县侯。	昭。	统字文宗,后周武平、令,袭侯。	臧字伯良。								
			嘉字仲良。								
			綝字叔良,峡州司法参军。	玄珪字文命,修武令。							

					驷。						
				钦明字文思，相中宗。							

祝氏宰相一人。钦明。

纪氏出自姜姓。炎帝之后封于纪，侯爵，为齐所灭，因以国为氏。隋有司农少卿和整，世居天水上邽，生士腾。

士腾，隋翼州刺史。	俨，雍州司仓参军。	先知，御史中丞。	黄中。								
		全经，户部郎中。	谦。								
			咸。								
	及，廓州刺	处讷，相中									

	史。	宗。									

纪氏宰相一人。处讷。

郑氏出自姬姓。周厉王少子友封于郑，是为桓公，其地华州郑县是也。生武公，与晋文侯夹辅平王，东迁于洛，徙溱、洧之间，谓之新郑，其地河南新郑是也。十三世孙幽公为韩所灭，子孙播迁陈、宋之间，以国为氏。幽公生公子鲁，鲁六世孙荣，号郑君。生当时，汉大司农，居荥阳开封。生韬，韬生江都守仲，仲生房，房生赵相季，季生议郎奇。奇生稚，汉末自陈居河南开封，晋置荥阳郡，遂为郡人。稚生御史中丞宾，宾生兴，字赣，莲勺令。兴生众，字仲师，大司农。众生城门校尉安世，安世生骑都尉綝，綝生上计掾熙，熙二子：泰、浑。浑，魏少府大匠。浑生崇，晋荆州刺史。崇生遹，遹生随，扶风太守。随生赵侍中略，略六子：翳、豁、渊、静、悦、楚。豁字君明，燕太子少傅、济南公，生温。温四子：涛、晔、简、恬。涛居陇西。晔，后魏建威将军、南阳公，为北祖。简为南祖。恬为中祖。晔生中书博士茂，一名小白，七子：白驎、胤伯、叔夜、洞林、归藏、连山、幼驎，因号“七房郑氏”。大房白驎后绝，第三房叔夜后无闻。

胤伯，后魏鸿胪少卿。	希儁，州主簿。	道育。	德政。	玄瑾，蒲圻令。	楚基，青州司马。	文权，栝苍丞。	望。				

							仙，饶州长史。	迪，棘城尉。			
							楚。				
						仁瓘，安平丞。	仙居，光禄寺丞。	九皋，徐王功曹参军。			
								幼奇。	广寿。		
									广名。		
					知节，渤海令。	休文。	泚，封丘丞。	万石。			
								黄通。			
								黄裳。			
							淳，益都丞。	彦甫。			
								夷甫。			

1	润甫。
2	山甫。
3	莹甫。
4	琇甫。
5	滔。
6	休邻，徐岸，鲁山 城令。丞。
7	岩。
8	岌。
9	崖。
10	休徵，封微。 丘丞。
11	玄琎，翼大力，一謇。荀鹤，密阆，秦州 水令。名延嗣，州司仓司马。 攸丞。参军。

								闬。			
							卓然，新乡令。	阆。			
								闲。			
								阓。			
						续，比部郎中。	殿，虢州长史。	增。			
								荐。			
							阐。				
							选。				
				玄珪。	延州，宁州司马。	春卿，汴州功曹参军。	翾，湖州兵曹参军。				
							鹔。	小宝，海陵尉。			

						叔卿。	贻孙。	小观。			
			子质。								
			德慎，固安令。	元将，武昌令。	宣道，雍州司法参军。	爱同，泽州参军。	元简，闻喜主簿。	鸿。			
								鸾。			
						神力，侍御史。	观乔，方兴令。	敭明。			
								藏明。			
						含章，滑州司士参军。	萱，松阳令。	鹏。			
								鹗。			
								鸱。			
						日休，曲调。					

						沃令。					
							谂。				
					智藏。	敬之。					
				元器，易州仓曹参军。	崇庆。	琮。	让。				
							克礼，滑州户曹参军。				
							喜，枣强丞。	鸥。	坦。		
									升，定州法曹参军。		
									峘，内丘		

									丞。		
									昱。		
									岘。		
							睿。				
					崇业。	令安。					
				元弼。	知运。	琨。	胤，献陵令。				
							敦佺。				
				修松，一名元宗，莘令。	进思，句容尉。	茂先，安陆尉。	扬名，渝州司马。	昌。			
								晕，滑州参军。			
								旻。			
							光辅，丰宰。				

							城尉。				
							涛。				
							抱剑，海台。州司户参军。				
						敬宾。	环。				
							茵。				
					退思，长葛令。	茂实，抚州录事参军。	幼睦，余干尉。	换。			
								據。			
								总。			
								抒，湖城令。			
							偃，郏城札。				

							令。				
								援,上元主簿。	承。		
							侃,汲丞。	劝。	玉山。		
							伾。	拣。			
								操。			
						瓘,登州户曹参军。	守广,升州司仓参军。	早,六合尉。	子中。		
								杲。			
							免。	建。			
							翊,宋州司兵参军。	巽,扶沟尉。			

							润。	颍子。			
					言思，泗州刺史。	琇，霍丘令。	蕙。	震。			
								恽。			
							荃，颍王府胄曹参军。	亘，屯留丞。			
								婴，大理评事。			
								丰，正平令。	小诵，神童出身。		
								益，黄梅丞。	最新。		
							桥，通川令。	贲。	良宝。		

								忠恕，吴令。			
								韶舟，南宫尉。	有悌。		
							植，壁州刺史。	恽，蒲州参军。			
								怦，湘潭令。			
							若，代州参军。				
							华，南陵令。	宥，博州参军。			
								宇。			
						怀隐，齐州刺史。	缜。	邈。			

								造。			
							芬，鹿城令。				
							纠，鲁山令。	遵。			
						球，历城令。	万，缑氏丞。				
							艺。				
							翱。				
					行思，临汾主簿。	沛，原武令。	友义，一名坚。				
						如玉，抚州长史。	晕，荆州录事参军。				
							士宗。	闵子。			

							术。				
							文宗。				
						滴，华州司士参军。					
						淑，新乡丞。	敦伶。	懿。			
						玘，一名绮。	弁。	遂。			
								连。			
							长询，江都丞。	从正。			
								汝为。			
								汝良。			
								汝弼。			

								汝方。			
							赞，怀州仓曹参军。				
							准，扬子丞。	自敏。			
								自宽。			
							由，荥泽尉。				
					延徽，翼泽城令。		钊。				
							铣。				
							幼成。				
						璥，昭义主簿。	扎。				

							说，长洲尉。				
							楚，潭州参军。				
						元叶，房州司马。	芝，监察御史。				
							萱。				
							芷。				
							著。				
						孚。	晋客，清溪令。				
							励。				
							蓁。				
						琳，文州录事参	兰，广州参军。				

						军。					
					勤思，项城令。	随武，西城尉。	介，历城尉。				
							合。				
						如琨。	翰。				
					再思，一名崇顺，郓州刺史。	嵩，泾州录事参军。	子明。				
							子猛。				
						岌，芮城丞。	仲适，泾尉。	宰。			
							犀。				
						岑，司门郎中。					

						象初。					
			子裕，武康太守。	弘谅，泾州司法参军。	仁俭，寿春令。	思敏，余杭尉。	令秀。	光应。			
					仁恺，密州刺史。	爱客，贝州刺史。	令同，沂州司马。	光训。	缵。		
								光谊，巩丞。	纶。		
									绚。		
							令宝，泽州司士参军。				
						秦客，泽州司马。	令一，介休主簿。	萼。			
						齐客，齐	庭玉，复	膺梦，司	𫘦，太原		

						州司马。	州刺史。	农主簿。	府参军。		
									驹。	路。	滶字颍文。
								周，一名膺繇。	骧。		
									骥。		
								膺石，一名汉，少府丞。	驹。		
									骐。		
						知十，永年令。	延业，宣州司户参军。	光宾。			
							延祚，楚州司马。	光国。	孟尝。		

								光振，庐州录事参军。	求道。		
								光裔，左骁卫仓曹参军。			
							令则，金乡令。	光系，蒲圻尉。			
							令构，遂州长史。	光邻，河间丞。			
								光昭，余姚尉。			
								光宗，果州别驾。			
								光赞。			

						洪，一名卢客，临汾令。	令从，苻离令。			
							令源，盐州团练判官。			
							令球。			
							令逦，颍州司功参军。	光袭，汝州录事参军。		
								光绍，滁州司户参军。		
								光林。		
								光仪。		

								光被。			
							令瑜，汴州参军。	成溢，信王府参军。			
						越客，一名固忠，工部侍郎。	令琨，太仆寺主簿。	季良，澧阳尉。			
								惟清。			
							令诜。	光进。			
								光遂。			
						慈明，豪州刺史。	令璋，申州兵曹参军。				
							令琎，左	受，京兆	权，万年		

							司郎中、国子祭酒。	府参军。	令。		
								万。	载。		
								甫，舒州刺史。	逌，右卫率府仓曹参军。		
									奉。		
						郤卿，宋州刺史。					
						信卿，武城令。	令超，顿丘令。	黄通，清流令。			
								溢，合肥尉。			
								成孙，阳			

							翟尉。				
							有，郓城尉。				
							申，京兆府司兵参军。				
						令望，滑州司马。	豫，太康尉。				
							鼎。				
		子柔，合州别驾。	师万，灵山令。	依仁。							
				依义，湘乡令。	允恭，潞州录事参军。	东里，阳翟尉。	之均，匡城尉。				
							之久，临				

								邑尉。			
								之峻，安丰丞。	偲。		
									傪。		
									克济。		
								之成，豫州参军。			
								之秀，豫州参军。			
							南郭，阳翟尉。	之象，陈州司兵参军。			
								之相。			
								之尚，钟山尉。			

					依礼。						
					依智，偃师尉。	允元，来庭尉。	良，伊阳尉。	之英，武德尉。			
						允贞，登封令。	常，凤翔司户参军。				
							长。	之众。			
			穆先，隋夷陵令。	弘干，鼓城尉。	思玄，沁州司马。	璿，河南少尹。	溥，左庶子。	华，太常博士。			
								聿，阳翟尉。			
								平，吉州刺史。	寿孙。		
							冽，巩丞。	杞，江都尉。	玮，华阴尉。		

									暤。		
									暐。		
								申，鲁山令。			
								卑，常州参军。	鲂字嘉鱼。		
								阅，殿中侍御史。			
					思静。	玠。					
						璥。	兢，下邑令。	举，易州参军。			
								巩。	黄中，洪洞尉。		
				德英。	嘉瞻，合肥令。	知微，大理司直。	邃，武康令。				

				弘简，郧丞。	崇由，周令。	嵩，历城丞。	遵悌。				
						暹，长山主簿。	爱，汝州司士参军。	芳，潞州司兵参军。	镇。		
						升，谷熟令。	韶，钜鹿尉。	常。			
							遵宪，蓬莱令。	顺。			
							庭璘。				
							巨，广州司法参军。				
						昂，长河令。	发，武城尉。	方回。			

						损，稽尉。				
						利，资阳令。				
					九辨，平令。	安宏之，州刺史。定超，尉。	奉先迪。			
						庭休，益州司士参军。				
						贲，许州刺史。	汜，浚仪尉。			
						巽。	兴门。			
						丰，铜鞮尉。	柰门。			
						景。进。	燕。			

								宥。			
							遵意，易州刺史。	良辅，相州司马。			
							遵古，中郎将。				
							回。				
						清一。	临。				
							丘。	宅栩。			
							颜，太子舍人。	大聪。			
						澄一。	子哲。				
	幼儒，后魏侍中。	敬道，开州刺史。	正则，复州刺史。	孝谟。	行信。	拯。	言。				
						贞。	如珪。				
							如璋。				

				孝彻。	行瑜。	元果。	光复。				
							光庭，海州仓曹参军。				
					行琳。	处寂。					
				德峰，通事舍人。	行善，庐州司马。	思挹，和州别驾。	绪。	环。			
								珙。			
							纬，豪州法曹参军。	瑱。			
								美秀。	延惠。		
							绎，巴州录事参军。	琬。	兴嗣。		

								璆。			
								玙。			
								琪。			
							纪。				
							綝，洛水尉。				
							缜。				
						思本，婺州司法参军。	缄。	楷，沂州司户参军。			
							综。				
					行之，亳州刺史。	思宗，潞州录事参军。	绍，金乡丞。	铣，襄州参军。			
						思庄，孝绥，义阳怿，颍阳遇。					

						义丞。	丞。	丞。			
									遵。	天雄。	
								憬，沛令。			
								愉，长城令。			
						思齐，秋官员外郎。					
				德秀，江陵令。	行邕，荆王府参军。	元祥。	茂先。				
							叔丘，雍州录事参军。	彭祖。			

							季立。				
					行颖，卫州司马。	元祚。	履贞。	公干。			
						元裕，柏仁令。	履信，鄗令。	公器。			
								公才。			
							履让，博州长史。				
							履义。	公举，郓州司户参军。			
						元哲，仪王文学。	履顺，代州参军。	公瑱，潞州参军。			
							方说。	公琼。			
								公瑜。			

								公璠。			
					行钦，合州长史。	远，河内令。	子良，信王府文学参军。	宽，洛阳尉。			
								恕，成武尉。			
							子展，郾城令。	咸，盛唐令。			
							子产，汴州司士参军。	盛，遂安尉。	从长。		
						元祐，洹水令。	子昂，建州司法参军。	棻。			
								荣，河中			

								仓曹参军。			
								荣，郊社丞。			
							子晏，相州司法参军。	汇。			
								集。			
						思训，雷泽令。	子罕。				
				德挺。	行纯，滑州长史。	守素，左清道细引。	昌期。	论。			
					行颉。	恭先，合州功曹	恒，左清道率府	干。			

						参军。	率。				
					行伦，宿预令。	宗先，洵阳令。					
						绍先，温州司马。	晔。				
						崇先，翼州功曹参军。	昱。				
							晁。				
							晕。				
						景先，饶州户曹参军。	偁。				
							偃。				
							倨。				

							伋。				
				德本，晋州长史。	行表，邓州司马。	炯，剑州长史。	虚己。	才子。			
							庭珍，鹿邑令。	浑，左清道录事参军。			
								湜，浚仪丞。			
								润，汴州参军。			
							羽客。	百宜。			
								千宜。			
								万宜。			
							佺期。				
						燿，密	虚受，太	浚。			

						令。	康令。				
							虚舟， 州司户 参军。	德渐，恒州 参军。			
							虚心， 州仓曹 参军。	亳涉，枝江 丞。	凤池。		
								洽。			
								泌。			
							虚白。				
						熺，邵州 仓曹参 军。	昌庭。				
						燧，滏阳 令。	庭芳。				

						庭璬。					
						庭玢。					
						庭珪。					
					炫，左司御率。	过庭，巩洛府别将。					
						光庭，贝州参军。	锐，洛阳尉。	慈明。			
								季方。			
						据。					
					焯，邢州功曹参军。	敷，德州司士参军。					
				行质，柏仁令。							

					行俨，汲令。	守忠，剑州功曹参军。	恒。				
							彪。				
						守毅，东阳主簿。	趋庭，颍州司马。	演。	瑄。		
								洊。	士素。		
								沼。			
								沈。			
								诚庭。			
						行均。	焕，宋城尉。	载。			
								子方。			
				德淹。	行谌，萨宝果毅。	琰，历城主簿。	嵩，长水令。	湜。	锐，余杭尉。		

							岩，京兆少尹。	润，太府寺主簿。	铁，太康丞。		
									淮，本名镒，昭应尉。		
									锋，京兆府仓曹参军。		
									鍊，万年尉。		
									錞。		
									湘。		
								泌，长安尉。			
							粤，仓部	浣，洪州	越。		

							郎中。	功曹参军。			
								滂，监察御史。	铞，赞善大夫。		
								浑，坊州刺史。			
							建，荥阳丞。	凛，蔡州仓曹参军。			
							崟，宋州刺史。	澄，河阳丞。			
								涤，乘氏尉。			
								漪。			
								溶，江都			

								尉。		
								汶，密尉。		
								洧，天长尉。		
						瑾。	岌，扬州参军。	淑。		
								洌。		
			正义，隰州司马。	文沾，并州司户参军。	延祚。					
					延业。					
				文湛，洪州别驾。	行颙。	思慎。				
		敬德，后	振，纪王	元良。	大寿，胡	崇宪，莱	响，曹州	恕。	郁。	

		周青州刺史、新阳伯。	录事参军。		苏令。	州长史。	司兵参军。				
							歆，扶风令。	悆。			
							韶，新平令。	子润，海州仓曹参军。	彦辅。		
									彦伦。		
								子光，楚州功曹参军。			
								子倩，监察御史。			
							广。	懿。			

								悫。			
						显宗。	羡门，临海尉。	昌意。			
							师门，钜野令。	安期，魏丞。	观。		
							雍门，齐州仓曹参军。	衡。			
							廑，修武尉。	光期，白檀府果毅。			
								佺期，须昌丞。			
							昂，成武尉。	多适，扶沟令。	内省，兖州司户		

									参军。	
								容卿。		
								衮，金乡丞。	戣。	
									竦。	
				元轨，缑氏令。	玄豆，太谷令。	知人字行满，周王府典签。	铣，武进主簿。	修。		
							𫓧，义兴尉。	循，华阳尉。		
							钧，光州司马。	见。		
						知贤，一名行善，	洽。	旋。		

						蜀州长史。					
							汪，长林令。	昭。			
								晖。			
								晅。			
						知道，雅州司法参军。	济，信都尉。	萱。			
								蒹。			
								茜。			
			机，义宁令。	世翼，扬州录事参军。	玄之，钟离尉，以弟子继。	文，著作佐郎。	平，太府寺主簿。	逊，襄城尉。			

							昂。	迪,太庙令。	复,灵昌尉。		
							厚,池州司马。	运,全柳丞。	鲁字子儒。	蒉。	
										荛字尧臣。	
										荐字茂华。	
										蔼字虞风。	
								昌阜,新郑主簿。			
							巩,壶关令。	谦,修武尉。			
								达。			

								述。			
							原，河中府仓曹参军。	迥，梁主簿。			
								迺。			
								遵，天长主簿。			
								远。			
							季良，衢州录事参军。	造。			
								遐，衡山令。			
						日新，榆次令。	肱，朝邑尉。	伦。			

								召。			
								奇童。			
							撙。				
							振，江陵府仓曹参军。	斌斓。			
								询谋，长安主簿。			
								谏诲。			
							选，洛州仓曹参军。	梓材，太庙斋郎。			
								仙寿。			
								巉。			
				世斌，	玄嘉，长延晖。						

				左司郎中。	水令。						
				世将。							
				世方，安次丞。	玄一，左千牛卫长史。	永，比部郎中、阳武男。	伯邕，金州刺史。	系，京兆府仓曹参军。	康老。		
							仲和，万年尉。	佐。			
								佑。			
							叔华，职方郎中。	侶，万年尉。	惟直。		
									惟恭。		
									惟义。		
									惟表。		
									惟简。		

							叔清字贻庆，夔州都督。	伸字君休。 舒，鄂岳观察使。			
								修，冯翊尉。			
								任，虢州文学。			
							季荣，京兆府士曹参军。	循，修武尉。			
								仪。			
					玄纵，千牛长史。	勉，紫微舍人。	丰，无锡尉。	立言，萧主簿。			
								立则，左骁卫兵			

								曹参军。			
							益。				
						武，竟陵令。	解，殿中侍御史。				
			抝，后周行台左丞。	弼谐，东莞令。	修道，陇州司户参军。	奉忠。					
						延祎。					
						奉先。					
				弼诚，解令。	九思，流水令。	曾，慈州刺史。	长裕，许州刺史。	迅，监察御史。	文通，曾山尉。	仿。	受一。
								欢，侍御史。	球之。		
									叔献，容城令。		

									叔向。		
									仲容。		
									季达。		
									仲堪。		
									季熊。		
									仲均。		
									珪璋。		
									韫王。		
									藏师。		
								谅，冠氏令。	珣瑜，相德宗。	覃，相文宗。	裔绰，秘书监。
										朗字有融，相宣宗。	勤规。
										潜字无	

										闷。	
										权。	
										颙。	
										泳。	
									咸悦，安邑尉。		
									利用，泽州刺史。	涯，检校左仆射、同中书门下平章事。	绍素字昌符。
											合敬，谏议大夫。
											延休，山南西道

节度使。生拱，字公庭。											
绍业，荆南节度使。生钧，字化光。											
弘业，二子：实字蕴文，稼字德丰。	洧，兖海节度使。										
弘范字昌仪。											
		良弼。									

								慈明，太子舍人。	余庆，相德宗。	汗，本名淳，兴元节度使。	允谟，宋州刺史。
											从说，相僖宗。生璘，字华圣。
											处诲字延美，吏部侍郎。五子：羲字尧卿，福字子贞，祁字为霖，祚

祐字垂吉。生受益，字谦光。											
茂休，初名茂谌。											
		承庆。									
	漳，太子少傅。	膺甫，楚州刺史。									
	泓，河西丞。										
昌图字光业，户部侍郎。	涓字道一，太原节度使。	具瞻，泾阳尉。									
		羽客，通湾。									

									州刺史。		
										溶。	
										洿。	
										渎。	
									嘉宾，兼殿中侍御史。		
									见利，当阳令。	浑。	
								申，金华尉。	式瞻，衢州刺史。	遐。	彦特字翊臣。
									则之，骁卫兵曹参军。	猗，抚州刺史。	允升。
											廷昌，相

											昭宗。
											延济字正卿，太常博士。
								少微，岐州刺史。	朝，金州刺史。	弘宗。	
										弘毅。	
							景复，殿中侍御史。				
							景融。				
					九臣，山茌令。	子晋，新乡尉。	绍。				
						子春，监察御史。	叔文，河清尉。	士深。			

								士清。			
							伯高。	翁归。			
								翁喜。			
								翁胤。			
							季札。	士林，著作郎。			
								士平。			
							仲均。	士良，凤翔少尹。			
								士则。			
							季随。				
						子长，盱眙令。					
					九言，徐州参军。						

						杳，婺州刺史。	成，宣城尉。	琬，亳州司户参军。			
								倜。			
								俌。			
								倕。			
								傅。			
								晔。			
						香。					
					九同，上党丞。	普。					
						会。					
					九徵。	习。	衡，太子				
							司议郎。				
							璩，太子	昱。			

							司议郎。				
								升。			
							瓘。	说。			
								淑。			
							瑱。	恕。			
								愆。			

南祖郑氏：

简，后魏平南谘议参军。	灵虬。荥阳太守。	悦，安远司马。	鼎，后周西豫州刺史。	常，隋郢州刺史。	筠，绵州刺史。	孝仁，临洮郡司户参军。	君嶷，湘源令。	兴宗。			
							君徵，内直监。	林宗。			

								景宗。			
								智积。			
						孝德。	君琏。				
						孝仟，南会州长史。	君瑾。				
					神符，隋殿内少监。	孝宽，黄州刺史。	文亮，渠州刺史。	思言。			
								元瑜。			
							文哲，潞州参军。	思证。			
								思察。			
								思谔。			
					昌，隋永	孝昂。	知详。				

					熙郡太守。						
							知瑶。				
					衡，隋潞州长史。	玄膺。	保护。				
					威，隋涿郡掾。	道果，吉州参军。	君琰，晋州司马。	居士，寿丘主簿。	恁。	述，左金吾兵曹参军。	
										迥，宣州兵曹参军。	
										迈，长子尉。	
								眺。			
								钧。			

							君业。				
							君璋。				
						孝僘。	乾福，寿春丞。	震。			
				师，隋祠部员外郎。	胄，仪曹郎。	喜见，宋州司士参军。	亨。				
							素。				
		道德，安州刺史。	希义，兖州刺史。	道盖，太常少卿。	元长，隋洛南令。	大隐，万州参军。	志玄，九门主簿。				
					元胤。	仁统，楚州司仓参军。	遗福。				
					元恭，隋	正衡，绵	从周。	傔，殿中	谞，真源	季良。	

					义兴丞。	竹令。		侍御史。	尉。		
									谂，瀛州长史。		
									说，汶阳主簿。		
								倓。			
								佚。			
					元让。	师伯，括州司马。					
				德猷，司徒中兵参军。	元直，隋新安令。	为范。	文誉。	休祥。			
								休业。			
							劳心。	休光。	推。		

						为善，邢州司兵参军。	虚受，大斌丞。				
	白虬。	尚仁，吉州刺史。	彦。	景山，北齐雄毅将军。	伯爱，郓州司仓参军。	身正，高苑令。					
			次珍。	宝，隋和州刺史。	道成，纪王府司马。	履仁，郸令。	元敬，地官员外郎。			正则，郢州刺史。	
										审则，明州刺史。	
	季方，汝阳太守。	盆生，后周光州刺史。	鸿猛，和州刺史。	士则，隋阆州刺史。	文表，蓬州刺史。						

					思忠，桂州司法参军。	之谅。	进。				
						之信。	逸。				
						之皓。	迈。				
				士誉。	才挺。	大绚，给事中。	德琮，岚州司法参军。	令问。			
								令望。			
			鸿泉，骠骑将军。	贵，永城令。	福常。	思义，蓬州参军。					
						思宰。	攸纵。				
	季騆，荥阳郡太	颖，宛陵令。	子规，后周温	海，陟州刺	德仁，蓝田令。	大雅，陈州司户	嗣某，聊城主簿。	君嘉。			

	守。		州刺 史。	史。		参军。					
								构。			
								胤。			
								祚。			
								挺。			
								秀。			
							履忠。				
							嗣冲。				
						大惠。	嗣谌。	神玉。			
							嗣默。				
							嗣伦，安如玉。 仁簿。				
								叔献。			
								季常。			

							嗣同。				
							嗣乔。				
							嗣丘。	喜。			
								成家，左司郎中。	宣。		
									溆。		
									涣。		
								成相。			
						大威，河阳令。	文睿，清河令。	懋。			
								愿。			
								懿。			
						弘礼，怀州刺史。	景略。				
							景福。				

					德崇，宪部郎中。						
					德玄，蓝田令。	言约，陈州刺史。	道爽，郑州司仓参军。				
							道明，绵州司法参军。				
							道望。	谞。	总。		
							道宏。				
					乾嘉，隋侍御史。	大令，介休令。	抱本，金州参军。	利国。			
								利涉。			
						遵古。					
						言顾，魏福安。					

						州司户参军。					
							福庆，普安令。				
							福同。				
							居贞，泽州司兵参军。				
		宵，河间太守。	伯钦，冀州刺史。	孝纪，郡中正。	过庭，蓨令。	玄崇，江夏令。	损之。				
							景初。				
						崇节。	元辅。				
						崇业，本名崇基。	杳，河阳丞。	泗。			

永州司马。					
		幼成。			
		岳，鄠令。			
		羡，池州刺史。	纺，西尉、大理评事。		
			绸字文明。相德宗。	只德，兵部尚书。	颢字养正，驸马都尉。二子：韬光户部尚书；凛字冬晖。

颈，广文
馆助教。
八子：承
休孺复
藩表微
寡允峤
嗣光嗣
宗承休
户部尚
书孺复
复州刺
史生曙
龙兴尉
藩字内
表 华。

颙字又

令生谱。
光奉先
令。嗣
芎泌阳
武功令，
阴令，革
子：苣华
詹事，三
峤太子
巡官。
州榷盐
寡尤解
少尹。
微江陵

仁岭南节度副使。	硕，真源令。	频，眉州军事判官。	顾，礼部侍郎。	就字成美。	皙字泽美。	秉彝，怀

										州长史。	
										弘乂，昭应尉。	
									绶，洛阳令。		
									缊，职方郎中。	处冲，检校礼部尚书。	揆，长安令。
											损字庆远，礼部尚书。
											拙字道弘，都官郎中。
											撰字文

规、河中少尹。											
颀字廷美。	宪字均持。										
		纾。	讷，谏议大夫。	习，宋城尉。							
		纯。									
		缯。									
		绲太子洗马。									
			援，京兆司田参军。								
		绘。	闲，莱州刺史。								

									绰。		
									总，宁国令。		
									缃。		
									绸，登州长史。		
								伦，丹阳尉。	纵。		
									约，尉氏令。		
		昞。				嘉范，景谷令。	抚俗，徐城令。	洪，凉州司户参军。	儋，检校工部尚书河东节度使。	仁本。	
										仁约。	

										仁载。	

荥阳郑氏又有郑少邻。

少邻，郑州司士参军。	穆，河清令。	亚字子佐，循州刺史。	畋字台文，相僖宗。	凝绩字裕圣，户部侍郎。	绍余字垂芳。						
			畯，秘书监。								
			毗字辅臣。								

沧州郑氏：

蒋。	则。	玄升，卫州刺史。	佪，右拾遗。								
			愔，相中宗。								

郑氏定著二房：一曰北祖，二曰南祖。宰相九人。北祖有珣瑜、覃、朗、余庆、从谠、延昌；南祖有细；荥阳郑氏有畋；沧州郑氏有愔。

钟氏出自子姓，与宗氏皆晋伯宗之后也。伯宗子州犁仕楚，食采于钟离，因以为姓。楚汉时有钟离昧，为项羽将，有二子：长曰发，居九江，仍故姓；次曰接，居颍川长社，为钟氏。汉有西曹掾皓，字季明，二子：迪、敷。迪，郡主簿，生 繇、演。繇字元常，魏太傅、定陵侯。生毓、会。毓字稚叔，侍中、廷尉。生骏，骏字伯道，晋黄门侍郎。生晔，字叔光，公府掾。生雅，字彦胄，过江仕晋，侍中。生诞，字世长，中军参军。生靖，字道寂，颍川太守。生源，字循本，后魏永安太守。生挺，字法秀，襄城太守、颍川郡公。生蹈，字之义，南齐中军。二子：屿、嵘。屿字秀望，梁永嘉县丞。生宠，字元辅，为临海令。避侯景之难，徙居南康赣县，生宝慎。

宝慎字无惑，隋睦州参军。	子威字之武，安福令。	法遵字从道。	绍京字可大，相睿宗。	嘉璧，晋州长史。							
				嘉谔，太子典膳郎、山阴县公。							
				嘉伟，左领军卫长史。							
	山操，洛邑府统										

	军。										

钟氏宰相一人。绍京。

宋氏出自子姓。殷王帝乙长子启，周武王封之于宋，三十六世至君偃，为楚所灭，子孙以国为氏。楚有上将军义，义生昌，汉中尉，始居西河介休。十二世孙晃，晃三子：恭、畿、洽，徙广平利人。

恭，前燕河南太守。			药师。	毓。	良，北齐东郡太令。	乾。	大辩，邛州刺史。	守恭，遂安令。	楚璧，兵部郎中。		
								守慎，襄阳尉。	庭璥，库部员外郎。		
									庭瑜，司农少卿。	司颙，常州刺史。	
									庭璘，兵		

									部郎中。		
								守俭，洛州司马。	鼎，兵部郎中。	悦，郢州刺史。	稷。
						子皓。		阳元，洛阳尉。			
				景。		孝王，北齐北平王文学。	侠。				
畿，后燕卫军司马。	荣国。		曾孙弁，后魏吏部尚书，袭利人子。	纪字仲烈。	钦道，北齐黄门侍郎。	元节，定州田曹。	弘峻，大理丞。	务本，栎阳令。	玄抚，卫州司户参军。	璟，相玄宗。	复，同州司功参军。
											升，太仆

少卿。											
尚，汉东太守。生实。											
浑，太子左谕德。											
恕，都官郎中。生衮，太常丞。											
延，太原少尹。											
华，尉氏令。生俨，苏州刺											

史；佶，河南尉；倚，虢州长史。											
衡，河西节度行军司马、检校左散骑常侍。生殷。											
曾孙渤。曾孙坚，太乐令。											
七世孙					冏。	钦仁。					

											处秀，大理正。
洽，后魏七兵尚书。		谟。	钦。			正文，秘书郎。					
			琼。	仲羡，后燕渤海太守。			延庆。	长威。		正言，洛州司马。	
								季绪。		本立。	卓然，益府长史。

又有广平宋氏：

素。	叔夜。	申锡字庆臣，相文	球。	绚字韬文。							

		宗。									
			慎威，城固尉。								

宋氏宰相二人。璟、申锡。

源氏出自后魏圣武帝诘汾长子疋孤。七世孙秃发傉檀，据南凉，子贺降后魏，太武见之曰："与卿同源，可改为源氏。"位太尉、陇西宣王。生侍中冯翊惠公怀，怀二子：子邕、子恭。子恭字灵顺，中书监、临汝文献公，周、隋之际，居邺郡安阳。生彪，字文宗，隋莒州刺史、临颍县公，生师民。

师民字践言，隋刑部侍郎。	昆玉，比部郎中。	翁归，比部郎中。	修业，泾州刺史。	光俗，尚书左丞。	洧，给事中。						
					光乘，同州刺史。						

					光誉，户部侍郎。	休。					
					光时，济阴太守。						
	直心，司刑太常丞。	乾珍。									
		乾曜，相玄宗。	复，华州刺史。								
			弼，工部郎中。								
			洁，河南令。								
			清，驸马都尉。								
	诚心，洛州	匡度，黄州	安都，太原								

	司马。	刺史、临漳公。	少尹。								
		匡赞，国子祭酒。	伯良。	敭干，虔州刺史。							
			幼良。								
			少良，司勋员外郎。								
		匡友。									
行庄，户部郎中。											

源氏宰相一人。乾曜。

牛氏出自子姓。宋微子之后司寇牛父，子孙以王父字为氏。汉有牛邯，为护羌校尉，因居陇西，后徙安定，再徙鹑觚。

通。	会。	意。	仙客，相玄宗。								

安定牛氏，出自汉陇西主簿崇之后。

辽允，后周工部尚书、临淮公。	弘，隋吏部尚书、奇章公。	方大，内史舍人。									
		方裕，金部郎中、左庶子。									
		方智。									
					休克，集州刺史。	绍，太常博士。	幼闻，郑尉。	僧孺字思黯，相敬宗、文	蔚字大章，检校兵部尚	微字深之。	

								宗。	书、兴元尹。		
										循字晦之。	希逸字景华。
										徽字勋美，太子宾客、奇章男。	
									蘩字表龄，吏部尚书。	峤字松卿。	
									奉倩，洛阳尉。		
				凤及，春官侍郎。							

牛氏宰相二人。仙客、僧孺。

苗氏出自芈姓。楚若敖生斗伯比，伯比生子良。子良生越椒，字伯棼，以罪诛。其子贲皇奔晋，晋侯与之苗邑，因以为氏，其地河内轵县南有苗亭，即其地也。上党长子县有苗袭夔。

袭夔。	殆庶。	如兰，永王府谘议参军。	立怡。	武昭。								
		晋卿字元辅，相肃宗、代宗。	收，太子通事舍人。									
			发，驾部员外郎。									
			丕，河南少									

			尹。								
			坚。								
			粲，给事中。	晄字毅臣。							
			稷。	詹字浚源。							
			垂。								
			向。								
			昌，户外郎。	缟。	澥字德广。						
				约。							
				缵。							
		茂林。									
		溰，清漳主簿。									

	良璿。										
	昭理。	含润。									
	延嗣，中书舍人、太原少尹。	含泽。									
		含液。	颖。	蕃。	著。	愔字宜之。	台符字节岩。				
						恽字甚鲁。	廷乂字子章。				
						恪字无悔。					

苗氏宰相一人。晋卿。

吕氏出自姜姓。炎帝裔孙为诸侯，号共工氏，有地在弘农之间，从孙伯夷，佐尧掌礼，使遍掌四岳，为诸侯伯，号太岳。又佐禹治水，有功，赐氏曰吕，封为吕侯。吕者，膂也，谓能为股肱心膂也。其地蔡州新蔡是也。历夏、商，世有国土，至周穆王，吕侯入为司寇，宣王世改“吕”为“甫”，春秋时为强国所并，其地后为蔡平侯所居，吕侯枝庶子孙，当商、周之际，或为庶人。吕尚字子牙，号太公望，封于齐。十九世孙康公贷为田和所篡，迁于海滨。康公七世孙礼，秦昭襄王十九年自齐奔秦，为柱国、少宰、北平侯。二子：伯昌、仲景。伯昌生青，以令尹从汉高祖，封阳信侯，谥曰胡。唐有隋州刺史仁宗，即其后也。康公未失国时，吕氏子孙先已散居韩、魏、齐、鲁之间，其后又徙东平寿张。魏有徐州刺史万年亭侯虔，字子路，孙行钧，其后世居河东。

行钧，后魏东平太守。		雄，左十四监。	崇礼。								
			崇粹，兵部郎中。		季重，歙州刺史。						
					季卿，循州刺史。						
				逦，相	仁本，磁	璜，太子	僎，吉昌				

				肃宗。	州司马。	通事舍人。	令。				
							傪,左卫兵曹参军。				
							皓,正平令。				
								伯禽,宣州司户参军。			
								时中,成武主簿。			
								绛,鄚令。			
						琳,淄王伸,试万绲,道州					

府参军。	州长史。	司功参军。			
		纲，奉礼郎。			
		纾，左内率府兵曹参军。			
		纶，试嘉王府参军。			
		纺。			
		镇，奉礼郎。			
		缨。			
		综。			

					春卿，尚舍奉御。						
					夏卿。						
					冬卿，伊阙令。						
				诒。							

吕氏宰相一人。谭。

第五氏出自妫姓。齐诸田，汉初多徙奉园陵者，故以次第为氏。唐有第五华，弟琦。

琦，相肃宗。	峰，台州刺史。										
	平，京兆兵曹参军。										

	申。	年，兼御史中丞。									

第五氏宰相一人。琦。